总体国家安全观系列丛书

# 军事与国家安全

Military and National Security

总体国家安全观研究中心
中国现代国际关系研究院 著

时事出版社
北京

**主　编**

刘　冲

**副主编**

陈子楠

**撰稿人**

刘　冲　陈子楠　巩小豪

王　瑟　邓门佳　李　伟

陈庆鸿　张敏学　邵薪羽

徐　琴

**总体国家安全观**
**系列丛书**

**《军事与国家安全》**
**分册**

# 总　序

# 总序

2024年是习近平总书记创造性地提出总体国家安全观十周年，2025年是全民国家安全教育日设立的第十个年头，也是《中华人民共和国国家安全法》颁布施行十周年。总体国家安全观研究中心用两年时间在前两辑基础上推出了“总体国家安全观系列丛书”的第三辑。

“春华秋实，十年有成。”总体国家安全观的创立，使我们党和国家首次有了自己的国家安全指导思想，为新时代国家安全工作提供了强大思想武器。在总体国家安全观指导下，我国十年来不断健全国家安全体系，增强维护国家安全能力，提高公共安全治理水平，完善社会治理体系，战胜了一系列国家安全风险和挑战，巩固夯实了国家安全基础，实现了高质量发展和高水平安全的良性互动，有力护航了中国式现代化建设进程。国家安全事业开创了新局面，取得了历史性伟大成就，走出了一条有中国特色的国家安全道路。

但是，也要清醒地看到，今天的世界越来越不太平了。俄乌冲突硝烟难去，巴以冲突制造了人类新悲剧，大国关系失衡失稳的风险明显加剧，世界局势因此更乱而非更稳了。世界之变、时代之变、历史之变以前所未有的方式加速展开，人类又一次站在何去何从的十字路口。对我国而言，这意味着外部环境的复杂性、严峻性、不确定性明显上升，维护国家安全的任务更重了。维护国家安全，除党政部门要承担主责主业外，更需要全民全社会的理解、支持和参与，所以普及国家安全知识就成为一项常做常新的重要工作。

“二年长枝叶，三年桃有花，四年果盈枝。”总体国家安全观研究中心成立迄今已四年。这四年来，在领导的关怀和相关部门支持下，中心始终坚持总体国家安全观的“理论高地”“宣传阵地”“人才基地”定位，统筹推进国家安全理论研究、战略研究和思想宣传。尤其依托中心秘书处所在的中国现代国际关系研究院，发挥“国家安全学”一级学科和《国家安全研究》双月刊作用，持续推进国家安全研究工作，努力引领中国国家安全理论和战略研究，不断加大国家安全理论和知识的普及工作力度。

为能让“国家安全”这一在过去主要由政治家和战略家操心的“堂前燕”尽快飞入“寻常百姓家”，我们在2021年推出了丛书的第一辑：《地理与国家安全》《历史与国家安全》《文化与国家安全》《生物与国家安全》《大国兴衰与国家安全》《百年变局与国家安全》，通过宏大的视野、厚重的内容、鲜活的语言，成功地把“国家安全”送到了普通读者的面前，并收获了满满的好评。

2022年，在对国家安全领域拓展研究的基础上，我们再接再厉推出了同样热销的第二辑丛书：《人口与国家安全》《气候变化与国家安全》《网络与国家安全》《金融与国家安全》《资源能源与国家安全》《新疆域与国家安全》。这辑丛书主打“尽精微”，从上述六大问题入手，既深入浅出介绍了与日常生活密切相关的国家安全问题，同时还涉及新兴领域问题，使读者对国家安全的认识进一步扩大和深化。

2023年，作为总体国家安全观最新最全的研究成果，我们推出了重磅著作《总体国家安全观透视》，从历史的维度、全球的高度、哲学的深度、实践的力度四大视角，对总体国家安全观进行了全方位深入阐述，同时辅以非常鲜活的历史和现实案例。该书甫一出版就成为很多领导干部的案头书，也是很多普通读者的喜读之书，收获了各界非常良好的反响。

“风雨将春去，清和四月天”，转眼就经历2024年和2025年这样有重大意义的特殊年份。为纪念总体国家安全观创立十周年和第十个全民国家安全教育日，接续推出这套同样是基于最新研究成果、同样是六册、同样是涵盖国内外实践，但聚焦不同领域问题的第三辑“总体国家安全观系列丛书”。

其中，《法治与国家安全》一书，秉持“法者，国仰以安”理念，以“法律是治国之重器”为主线，较全面介绍了法治在古今中外对国家治理、国际博弈和维护国家安全的实践和重大意义。这对我们深刻理解“坚持全面依法治国”和法治与国家安全的关系有重要帮助。

《教育与国家安全》一书，以“教育强则国家强”为主线，既分析了教育与国家富强和国家安全之间的联系，又介绍了当今几个主要国家基于各自实际情况，用教育服务国家建设和国家安全的案例，为我们取长补短提供借鉴。

《军事与国家安全》一书，从包括孙子的“兵者，国之大事”在内的军事战略文化开始，到影响军事手段效能的技术手段和战术思想变革、军事安全的社会属性和时代特征，最后落脚到我国如何通过强军去强国，深入浅出地介绍了军事安全这一国家安全的重要组成部分。

《海外利益与国家安全》一书，针对的是我国已深度融入世界，海外利益遍布全球，“海外中国”快速崛起并成为我国家安全重要组成部分的实际情况，梳理介绍了在不同时代的不同国家，如何看待、拓展和保护海外利益的情况。这对我们认识和维护海外利益具有一定参考价值。

《数据与国家安全》一书，围绕在信息化时代已全方位涉及日常生活、工作和学习，以及几乎所有国家的政治、经济、军事等各领域的“数据”这一关键要素，全景式介绍了与数据相关的国家安全和国际博弈问题，以及当下主要国家和地区就构建数据安全、主导权甚至霸权展开的战略布局和具体做法。

《舆论与国家安全》一书，针对的是在当今国际政治中“假消息”横行、“认知战”泛滥的现实，从解构“何为舆论”入手，从国家安全的视角，基于历史和现实解剖了舆论对国家兴衰、社会治理、国际斗争、大国争霸等的重要作用和影响，强调了维护舆论安全对国家安全的重要性。

时光荏苒，岁月如梭。我们对中国国家安全理论的研究永远在路上，对国家安全理念的推广永远在路上。我们期待这辑丛书能像以往那样，继续获得大家的青睐，同时帮助读者加深对国家安全的认识和理解，继而转化为维护国家安全的自觉行动。最后，让我们携手，共同致力于维护国家安全，共同致力于实现中国式现代化这一奋斗蓝图。国安，天下安！

是为序。

总体国家安全观研究中心
中国现代国际关系研究院

# 前　言

军事安全，是总体国家安全当中不可或缺的重要一环。要全面理解国家安全的战略内涵，就必须深入把握军事与国家安全的关系。要维护和塑造国家安全，也必须充分有效地运用军事能力和手段。

要理解军事安全，有必要首先了解军事安全的时空经纬和战略文化。“兵者，国之大事，死生之地，存亡之道，不可不察也。”在中国传统文化中，一直把军事安全作为国家安全的重中之重，“慎战”“止战”的思想也源远流长。历史洪流滚滚而过，不同时代不同国家产生过各异的军事体制和军事思想。从征兵制、募兵制到府兵制等兵役制度的演进，从“兵之胜败，本在于政”到“战争是政治的延续”，从“忘战必危”的汴京风华到“好战必亡”的霸权崩塌，留下了无数发人深省的智慧经验和历史教训。

要理解军事安全，了解军事手段，就需要理解军事变革的关键变量和竞争逻辑。“见物与侔，是谓两之。”先进武器技术的发展，不断打破原有的力量平衡、攻防对比和作战样式，从城墙马镫到火枪火炮，从大炮巨舰到飞机卫星，从联合参谋到智能分析，都可能深刻改变世界军事格局的发展方向，是军事强国角逐的焦点。“惟改革者进，惟创新者强，惟改革创新者胜。”军事变革潮起潮落，落后就要挨打的案例俯拾皆是，固步自封落后时代的教训令人扼腕，技术创新、战法创新、组织创新赢得竞争的经验颇具启发意义，值得深入思考。

要理解军事安全对国家安全的意义，就应该理解军事安全的社会属性和时代特征。“兵之所以强者，民也。”保障国家的军事安全不单是军队的事，也与每个人息息相关。尊崇军人，是所有国家尤其是军事强国的共识，社交媒体的发展，让军事信息安全更加无处不在。在世界百年未有之大变局的时代背景下，军事安全的重要性更加凸显。俄乌冲突的炮火掀开了新战争形态大幕的一角，大国对抗、地区冲突、军备竞赛、战争伦理、交战规则、战略稳定、风险管控等等都面临全新甚至颠覆性挑战，可能会对国家安全构成重大影响，须密切关注。

要理解以军事安全保障国家安全的政治意义、理论逻辑和实践作用，就必须把握好习近平强军思想和总体国家安全观的内在联系。“有文事者必有武备，有武事者必有文备。”习近平总书记强调，“我们捍卫和平、维护安全、慑止战争的手段和选择有多种多样，但军事手段始终是保底手段”。“强国必须强军”“能战方能止战”的判断高屋建瓴，“听党指挥、能打胜仗、作风优良”的目标入木三分，“军委管总、战区主战、军种主建”的改革史无前例，中国特色强军之路越走越宽广，一体化国家战略体系和能力建设蹄疾步稳，人民军队捍卫国家主权、安全、发展利益的战略能力不断提高，以军事安全支撑新安全格局、维护和塑造总体国家安全的能力和机制日益完善，富国与强军、发展与安全、自身安全与共同安全更加有机统一。

本书力求在初步廓清军事安全的概念内涵、战略文化、历史经纬、国际比较、社会属性、时代特征的基础上，阐述军事安全之于国家安全的政治逻辑、历史逻辑、理论逻辑和实践逻辑。希望帮助读者在总体国家安全观视野下，更好地理解和认识巩固国防和强大人民军队的重要性，理解军事安全保障总体国家安全进而护航中华民族伟大复兴、捍卫世界和平稳定的战略作用。不足之处，还请广大读者批评指正。

《军事与国家安全》课题组

# 目　录

5

**惟创新者胜**

# 1

# 第一章

# 兵者，国之大事

当今世界，百年未有之大变局正在加速演变。大国竞争对抗加剧、国际危机频发多发、地区热点发酵外溢，国际形势风云变幻，呈现出巨大的不稳定性、不确定性与高风险性。战争还是和平，再次摆到了世人面前。军事安全，也再次被排到了各国国家安全日程中的优先位置。兵凶战危，并非遥不可及；国泰民安，却需兵强马壮。习近平总书记指出，“国防和军队建设是国家安全的坚强后盾”，没有一个巩固的国防，没有一支强大的军队，中国梦就难以实现，和平发展就没有保障。可以说，随着世界进入“动荡变革期”，军事安全已变得愈发重要。

## 何为军事安全

一般而言，军事安全指的是“确保国家不受外来的军事入侵和威胁”，同时也是指“军事力量本身不受威胁，能够有适宜的发展以承担维护国家主权与安全的使命”。换句话说，军事安全存在两个层面：一是国家层面，指的是国家不受“外来军事入侵和威胁”的状态，可以说是一种“状态”安全；二是军事力量层面，强调军事力量“本身”以及其获得“适宜发展”的安全，实际上指的是“维护国家主权与安全使命”的“能力”安全。这方面涉及军事领域的方方面面，包括军队安全、军人安全、军纪安全、军备安全、军事设施安全、军事秘密安全、军事信息安全、军事工业安全、军事活动安全等。

军事安全问题伴随着战争产生。据称，最早的战争可能发生在 1 万年前位于肯尼亚的纳塔鲁克地区。2016 年英国剑桥大学的考古团队发现，在该地区挖掘出的 27 具人骨遗骸中，大都有遭遇暴力致死的痕迹，它们或骨折或碎裂，有些还有箭矢留下的伤痕，而且这些遗骸要么俯身贴地，要么手腕交叉，一点也没有被专门埋葬的样子，可以说，保存下了远古战场的残酷场面。战争以及随之而来的军事安全问题开始困扰人类社会。特别是，随着各种政治集团尤其是国家的产生和出现，战争这种有组织的暴力活动变得更加频繁，后果也更为深重。为了维护自身安全，拓展发展空间，争夺稀缺资源，国家等政治团体之间相互攻伐、大肆杀戮。军事安全问题日益成为各国统治者治国理政的头等大事。他们组建军队，锻造兵器，修建工事，精研战术，上演了一场场血与火的较量，谱写了一首首生与死的悲歌。时至今日，人类已经走过了冷兵器战争时代、热兵器战争时代、机械化战争时代，并正在加速迎来信息化智能化战争时代，但战争和军事安全始终没有因此变得“温和”或者“文明”，更没有任何走向“消弭”的迹象。

这似乎是人类的悲剧。克里斯·麦可纳布写道：战争“这条不归路开启后，人性也就一去不回头了”。一些现实主义者认为，人性本恶，贪婪、多疑、自大、狂妄，使得人与人之间的冲突变得不可避免，也使得国与国之间的战争成为常态。他们把战争归咎于一些野心家垂涎他国的土地与人口、觊觎他国资源能源。资源的稀缺性，进一步加剧了这种冲突的烈度与广度。例如大流士大帝入侵希腊、美欧列强殖民扩张、希特勒寻求“生存空间”、日本军国践踏亚洲……正所谓“江山易改，本性难移”。只要人性不变，战争终将不可避免，军事安全问题也将时时刻刻存在。

还有一些现实主义者认为，战争与冲突无关乎人性善恶，而是由人类社会的无政府状态决定的。所谓的“无政府状态”，指的是不存在凌驾于国家之上的权威。各国之间处于一种“人人自危”的丛林状态，唯有自保、自助才能在这无政府的自然状态下生存下去。因此为了自保、自助，每个国家都极力增强自身的军事实力，而这种做法又往往会引起其他国家的恐惧，也因此会加紧扩充自身的军事实力。如此循环往复，军事竞赛愈演愈烈，国家的恐惧心理与相互间的不信任感也愈发地积重难返，最终促使冲突升级、战争爆发。古希腊历史学家修昔底德在其《伯罗奔尼撒战争史》中写道：“使战争不可避免的真正原因是雅典势力的增长和因而引起斯巴达的恐惧。”这就是经典的“安全困境”或所谓的“修昔底德陷阱”。显然，这种“每个人反对每个人”的无政府状态一天不改变，军事安全问题也就不会在国家议事日程的优先位置上消失。

当然，世界远比这些假定来得复杂。尤其是自近代以来，全球化的深入发展，使得世界各地的民众交往交流增多、相互理解加深；全球化带来的经济交融，使得国与国之间形成了一种“你中有我，我中有你”的相互依存局面。一些人曾乐观地认为，这种相互依存局面将使得政治关系趋于和平，各国在权衡利弊、考虑得失之后，将从大局出发，弱化或者避免相互间的政治军事冲突。还有些人认为，相互依存关系的出现，使得国际合作成为可能甚至必需，由此建立的合作机制则进一步减少了相互间的信息不对称，增强了合作预期，培育了合作习惯，最终使得战争变得不必要。而热核武器的出现，因其具有的毁灭性后果，更使得这种“不必要”的战争变得代价高昂且得不偿失。据此，他们曾一度急于宣布和平的降临，并主张将军事安全放在一个边缘的位置。然而，至少就目前而言，这种和平的愿景仍未实现，军事安全问题也从未走远。即便自冷战结束以来，这个全球化日益深入发展的“地球村”，也已经爆发了多场军事冲突，包括海湾战争、科索沃战争、阿富汗战争、伊拉克战争，以及目前仍在进行的俄乌冲突，相互依存不仅没能促成牢固的合作、消弭冲突，反而日益成为大国竞争对抗的工具。一些国家凭借他国对自身的依存度高，将这种相互依存“武器化”，采取各种“长臂管辖”“脱钩断链”与单边制裁，严重破坏了冷战乃至自二战结束以来所形成的国际规范，消磨了各国在长期互动与合作中累积起来的国际互信，加剧了国家之间的矛盾与对抗，甚至推升了军事冲突的风险。可以说，全球化以及经济相互依存，固然有助于促进国家之间的交往与合作，但并未从本质上解决战争的根源问题，而军事安全问题也仍将伴随国家安全的全过程。

可以说，在国家消失之前，军事安全将继续存在。而且，随着科学技术尤其是信息化、智能化的发展，军事安全也将迎来深刻的变革。习近平总书记指出，“新一轮科技革命和产业变革正在孕育兴起”，“世界新军事革命加速发展，国际军事竞争格局正在发生历史性变化”。习近平总书记进一步指出，在这场世界新军事革命的大潮中，谁思想保守、固步自封，谁就会错失宝贵机遇，陷于战略被动。尤其是，智能化战争形态正加速演进，使得军事安全的重点与方向也发生急剧的变化。与传统的战争形态相比，智能化战争将实时收集、实时计算、实时推送作战中的各种行动信息，使人类能够突破思维的逻辑极限、感官的生理极限和存在的物理极限，对抗疆域从自然空间、技术空间、社会空间到认知空间，形成物理域、信息域、认知域三大作战维度，战争边界向深地、深海、深空、深网、深脑领域延伸，呈现出极深、极远、极微、极智与无人、无形、无声、无边的特点。对抗争夺泛化，军事与非军事领域一体化特征更加明显，作战领域极限拓展，平时与战时边界日趋模糊、前沿与后方界限不再分明，智能渗透到未来战争全要素全过程，战争边界即将重绘，传统战场和战线难以再现。可以说，在智能化战争中，智力成分的占比将达到前所未有的水平，“制智权”而不是“制海权”“制空权”成为战争制权新的制高点，战争的制胜机理也将向“算法主导、流程重塑、智能决策”转变。而要在智能化战争形态中维护军事安全，不仅要着眼于创建智能化的战争理论，还要着眼于打造跨域互联的新型作战力量、人机融合的未来战争装备、能力复合的创新训练模式、精确高效的联合作战保障体系以及军民兼用的技术协同创新体系。唯有如此，才能跟上并引领方兴未艾的新军事变革，才能确保军事安全，才能维护国家久安。毕竟，“军事上的落后一旦形成，对国家安全的影响将是致命的”。

## 实乃“国之大事”

军事上的落后对国家安全的影响确实是致命的。2000多年前，我国古代著名军事家孙子就称其为“死生之地，存亡之道”，认为这是“国之大事”，警示当政者“不可不察也”。

“落后就要挨打。”这是近代以来世界上大多数国家在面对西方列强的坚船利炮时得出来的血的教训。众所周知，得益于第一次科技革命，欧洲国家率先走向工业化，并开启了全球扩张的进程。著名历史学家保罗·肯尼迪在《大国的兴衰：1500—2000年的经济变迁与军事冲突》中写道，“先进的蒸汽机技术和机制工具，使欧洲拥有决定性的经济和军事优势”，包括滑膛枪炮的改进，后膛炮的发明，格林机枪、马克沁机枪和轻型野战炮的出现，“消除了依靠陈旧武器的土著民族在抵抗中取胜的机会”，而由蒸汽推动的炮舰则得以称霸公海，并长驱直入尼日尔河、印度河、长江等内江大河。相比而言，世界其他地区还没有进入工业化阶段，军事上更是大都停留在冷兵器时代。就这样，凭借坚船利炮，欧洲列强对世界其他地区几乎做到了“降维打击”，常常以几百人的伤亡就能消灭一支军队、征服一个国家。这种巨大的军力落差进一步刺激了欧洲列强的扩张欲望。到 19 世纪后期，欧洲列强基本瓜分了除欧洲之外的绝大部分地区，包括对我国发动了鸦片战争，使我国沦为了一个半殖民地半封建国家。2021 年 7 月 1 日，在中国共产党成立 100 周年庆祝大会上，习近平总书记在追忆中国共产党成立前的旧中国时不无痛心地指出，“1840 年鸦片战争以后，中国逐步成为半殖民地半封建社会，国家蒙辱、人民蒙难、文明蒙尘，中华民族遭受了前所未有的劫难”。在这一时期，即从 1840 年鸦片战争到 1949 年新中国成立之前，历届政府签订的一系列不平等条约使中国被迫割地、赔款、开放通商口岸，外国列强则在中国享有建立“租界”、驻扎军队、内河航行、领事裁判、海关管理等特权。

“战争是流血的政治。”尽管西方列强对世界其他地区的侵略扩张看似成本不高、一本万利，但这并非常态。事实上，战争一直是异常残暴血腥、成本高昂的活动。兵凶战危，正如毛泽东同志所指出的，“战争是流血的政治”。古往今来，多少文人哀叹战争的残酷：“积尸草木腥，流血川原丹”“白骨露于野，千里无鸡鸣”“田园寥落干戈后，骨肉流离道路中”等等。战争的最直接后果便是人民蒙难。历史学家埃里克 · 霍布斯鲍姆曾记载道：“由 20 世纪的战争造成或与之关联的死亡人口估计达 1.87 亿，相当于 1913 年时全世界人口的 10% 以上。”仅二战就有 80 多个国家和地区的约 20 亿人口卷入，伤亡总人数达 9000 万人以上，经济损失超过 4 万亿美元。而随着热核武器的出现，战争的恐怖更是无法想象。1945 年 8 月 6 日和 9 日，美国为迫使日本军国主义者投降，在日本城市广岛和长崎上空引爆了两枚原子弹。据联合国网站资料显示，这两次爆炸就造成了约 20 万人死亡。如此大规模的杀伤性给世人带来了极大的震撼。有研究称，如果一场全面的核战争爆发，将直接导致 7.7 亿人死亡，引燃的城市和森林会产生 180 太克的烟尘，美国将有 1/5 的人口立即死亡；以及因此产生的烟尘可能会在接下来的 6 个月内阻挡 30% 或 40% 的阳光，从而导致气温大幅下降，整个北半球的夏季温度保持在冰点以下，也就是所谓的“核冬天”，人类文明可能因此崩溃，即便有幸存者，也可能最终生活在一个荒芜和被破坏的星球上。可以说，战争给人类社会和人类文明造成的灾难不可谓不深重。

不仅如此，战争还是一项耗费巨大的活动。孙子在《孙子兵法 · 作战篇》中写道:“凡用兵之法，驰车千驷，革车千乘，带甲十万,千里馈粮。则内外之费，宾客之用，胶漆之材，车甲之奉，日费千金，然后十万之师举矣。”而且指出，若不能“因粮于敌”，则可能面临“力屈、财殚，中原内虚于家。百姓之费，十去其七；公家之费，破车罢马，甲胄矢弩，戟楯蔽橹，丘牛大车，十去其六”的局面。西方的战略家也有相似的看法。法国大臣狄弗齐奥就曾向法王路易十二世表示:“钱、钱、钱，即为战争的神经。”换句话说，战争或者说军事活动并不局限于军事领域，更不仅限于战场。钮先钟教授指出，战略有四维，分别是“作战”“后勤”“社会”和“技术”。他甚至认为，战争的事务几乎 90% 都是属于后勤的范围，而且没有社会和技术的支撑，作战并不能顺利达成目标。特别是到了近代，随着世界进入了工业化战争时代，战争已经不再局限于军人阶层之间，而是呈现出一种“总体战”的态势。例如，在法国大革命与拿破仑战争时期，民族主义情绪高涨的民众大量参与战争，使得战争的规模与范围都得到了前所未有的扩大。而这种民族主义情绪的加入，使得战争变得更加难解难分、旷日持久。就在一战前夕，德国参谋总长小毛奇曾预言一场大战的走势。他说:“那将是一种民族战争，不是一次决定性会战所能解决。必须经过长期苦战把全部国力都耗尽，否则任何国家都不会屈服。而在这样的战争中，即便能获胜也还是得不偿失。”果不其然，一战的交战双方相持了四年，不仅战火延烧、生灵涂炭，还把德意志帝国、奥匈帝国、俄罗斯帝国和奥斯曼帝国打没了。而在当代，美国自恃超强军事实力，在冷战结束后四处用兵，不仅造成了严重的人道主义灾难，也给自己背负上了沉重的负担。据美国布朗大学战争成本项目组在 2021 年研究发现，2001 年“9·11”事件后美国发动的长达 20 年的战争已经使美国损失了大约 8 万亿美元，导致约 90 万人丧生。

“自古知兵非好战。”战争代价高昂，是生死之地、存亡之道，也被称为“流血的政治”。它是“政治的特殊手段的继续”，是为了实现既定的政治目标。换句话说，如果可以不用诉诸武力就能实现政治目标，那么战争也将没有必要发生。英国战略学家李德·哈特指出，“军事力量只不过是大战略的各种工具中的一种而已，它更应该注意应用财政上的压力、外交上的压力、商业上的压力甚至于道义上的压力，以此来削弱敌人的意志”。毛泽东同志在《论持久战》中也指出，“政治发展到一定的阶段，再也不能照旧前进，于是爆发了战争，用以扫除政治道路上的障碍”。可以说，“乃知兵者是凶器，圣人不得已而用之”。因此，中国历来有“慎战”的思想，主张“主不可以怒而兴师，将不可以愠而致战”。相对于战争，中国历代战略家信奉的是“得道者多助，失道者寡助”，主张的是“仇必和而解”，追求的是“化干戈为玉帛”，也因此才有历史上如“诸葛亮七擒孟获而不斩”的佳话。对于战争，中国人则采取“人不犯我我不犯人”的积极防御战略，追求的是“不战而屈人之兵”，以求能够避免兵连祸结、生灵涂炭。

还有一种说法认为，战争的高成本已经使得战争变得不可能。这种思潮在19世纪后期人类进入工业化战争时代后开始出现。当时有一个名叫布罗赫的波兰人，他提出“现代军备和社会组织已使战争的进行在经济上变得不可能”，并因此认为战争已经不再是一种正面的政治工具，而是负面的工具。他预言：“战争的未来不是战斗而是饥饿；不是杀人而是国家的破产和社会组织的总崩溃。”

然而，战争会消失吗？

## 何以止战安邦

战争是历史的产物，终究是会消失的，但在可预见的未来，它仍无法被消灭，而只能被制止。

毛泽东同志指出，历史上的战争分为两类，一类是正义的，一类是非正义的。一切进步的战争都是正义的，一切阻碍进步的战争都是非正义的。我们共产党人反对一切阻碍进步的非正义的战争……反对的方法，在战争未爆发前，极力阻止其爆发；既爆发后，只要有可能，就用战争反对战争，用正义战争反对非正义战争。西方的现实主义理论家也认为，只有权力平衡，达到均势，相互制约，战争才有可能被制止。美国结构现实主义大师肯尼思·华尔兹指出：“在国家关系中，如果竞争得不到制约，便会不时爆发战争。”

慑战止战，符合最优的利益考量：第一，战争是政治以另一种手段的继续，其目的是为了实现政治目标；第二，战争是成本高昂的活动，而且随着时代的发展，成本越来越高。因此，决策者在决定运用军事手段时，首先需要考虑和计算的就是战争的收益比。正如孙子所说的，就因为“兵者，国之大事”，所以要“经之以五事，校之以计，而索其情”。如果手段与目标不匹配，或者结果可能得不偿失，军事这一手段就有可能被搁置，战争也因此有可能被推迟或者被阻止。

如何才能真正地做到“慑战止战”？2013 年 3 月 11 日，习近平总书记在十二届全国人大一次会议解放军代表团全体会议上指出，能战方能止战，准备打才可能不必打，越不能打越可能挨打，这就是战争与和平的辩证法。诚如其言，冷战之所以是“冷”战而没有演变为“热”战，很大程度上是因为核武器所带来的核恐怖平衡，正是核战争可能带来的“相互确保摧毁”，使得美国和苏联的决策者在关键时刻能够三思而行，以及因此而促成了冷战时期美苏之间的军备控制谈判与危机管控机制的出现。然而，冷战结束后，美国成为世界上唯一的超级强国，进一步刺激了其以超强军事实力干涉、打压他国乃至改造世界的霸权图谋。1991 年，美国以 42 天的空袭和 100 个小时的地面行动，就迫使拥有 90 万大军、5700 辆战车和 3700 门火炮的中东军事大国——伊拉克投降。如此全频谱的优势使得美国更加不可一世，以武力改造世界的欲望也就变得愈发强烈，毕竟对其而言，对外用兵似乎并非是一件成本多么高昂的事情。据美国塔夫茨大学教授莫妮卡·托夫特和马萨诸塞州布里奇沃特州立学院助理教授西迪塔·库希联合撰写的研究报告，美国在冷战结束后愈发倾向于使用武力而非外交手段，海外军事干预愈演愈烈。“仅 2000 年以来（截至 2019 年），美国就进行了 30 次 4 级干预（使用武力）或 5 级干预（战争）。”

慑战止战就是要改变战争发动者的成本收益比。孙子曰，“智者之虑，必杂于利害”“合于利而动，不合于利而止”。因此，除非是极端分子或者是战争狂徒，任何决策者都会对运用武力的成本收益比进行测算。如果潜在成本高于预期收益，那么决策者可能会谨慎使用或放弃使用武力；如果潜在成本低于预期收益，那么决策者使用武力的顾虑便会大大减少，爆发武力侵犯的可能性也就会大大增加。在这里，关键要点在于改变战争发动者的成本测算。这样做，也常常被称为是一种“威慑”。美国前国务卿基辛格曾经指出：“威慑就是设法向对方提出危险性，这种危险将使对方认为与其要获得的利益不成比例，因而使对方不敢采取某种行动途径。”换句话说，就是“采取威胁使用武力的措施使对手由于面临可能导致无法承受的报复，而不敢发动战争”。而这种策略能够获得成功，关键点有三。

第一，要有足够的威慑力量。习近平总书记指出，“国防和军队建设是国家安全的坚强后盾”，没有一个巩固的国防，没有一支强大的军队，中国梦就难以实现，和平发展就没有保障。他还强调，“千万不能忘记，军事手段始终是保底的手段”。应该说，足够的威慑力量是威慑能够发挥作用的物质基础，而没有足够威慑力量的威慑就只不过是虚张声势。这里，“足够”并不只是指“数量”，更重要的是强调这种力量能够给对手造成“足够”的伤害，足以使对手发动战争“得不偿失”。因此，“足够”并不意味着必须取得与对手枪对枪、炮对炮的对等，有时候拥有一两件足以给对手造成沉重代价的“撒手锏”，也可以起到非对称性的慑止效果。

第二，要有使用力量的坚定决心。除了拥有威慑对手的物质基础之外，还要有敢于亮剑的精神品质。习近平总书记指出，“新中国成立以来，正是因为我们高度重视国防和军队建设，敢于在关键时刻亮剑，才顶住了来自外部的各种压力，维护了国家的独立、自主、安全、尊严。”如果没有坚定的决心，而是迟疑犹豫、瞻前顾后，那么将无法慑服对手，到头来反而可能会被对手慑服。决心的大小无疑将决定报复行动的可能性与可信度，也将决定威慑行动、遏制战争的能动性。毛泽东同志也指出，第一条，坚决反对战争；第二条，如果帝国主义一定要打仗，我们就同它打，把问题这样想透了，就不害怕了。当然，不害怕的意思并不是说可以睡大觉，而是说要斗争。

第三，要有有效的威慑信息传递。这包括两个方面：一方面是威慑信息的传递；另一方面是传递出去的威慑信息能够被对手接收并进行较为正确的解读。美国学者托马斯·谢林曾经慨叹：

“不幸的是，我们作出肯定的表态并不足以使之真实，而即使它是真实的也不足以使之令人信服。我们明显是不希望发生战争的，只有在迫不得已的时候才会投入战斗。困难在于如何向对手展示我们已经到了迫不得已的地步。”这是实施威慑、遏制战争行动得以成功的必要条件，但也是最大的难点之一。必要时展示实力，明确表明决心、划定红线，甚至采取小规模军事行动以增强可信度等等，都是实施威慑的一般做法，但这些做法也可能导致传递失真失实，尤其是对手在解读时容易出现偏差，万一导致误判，不仅没能起到威慑的效果，还可能会加速战争的到来。因此，通过建立危机管控机制，加强战略沟通、建立危机处置“热线”，也越来越成为现代一些国家寻求避免战争的做法。

“能战方能止战。”孙子曰：“昔之善战者，先为不可胜，以待敌之可胜。”也就是说，遏制战争的根本还在于“先为不可胜”，只有首先做到“立于不败之地”，才能有效地慑止对手的盲动、妄动，才有可能遏制战争、避免战争。习近平总书记指出，“我军现代化水平与国家安全需求相比差距还很大，与世界先进军事水平相比差距还很大，必须以只争朝夕的精神抓起来、赶上去”。习近平总书记号召全军，进一步解放和发展战斗力，进一步解放和增强军队活力，建设同我国国际地位相称、同国家发展和安全利益相适应的巩固国防和强大军队，为实现“两个一百年”奋斗目标、实现中华民族伟大复兴的中国梦提供坚强力量保证。

新时代以来，在习近平强军思想的指引下，我国军事建设取得巨大成就。全军坚持党的绝对领导，牢固树立战斗力这个唯一的根本标准，坚决把全军工作重心归正到备战打仗上来，统筹加强各方向各领域军事斗争，大抓实战化军事训练，大刀阔斧深化国防和军队改革，重构人民军队领导指挥体制、现代军事力量体系、军事政策制度，加快国防和军队现代化建设……人民军队体制一新、结构一新、格局一新、面貌一新，现代化水平和实战能力显著提升，走出了越来越宽广的中国特色强军之路。

中华民族历来爱好和平，自古就提出了“国虽大，好战必亡”的箴言，也有“以和为贵”“化干戈为玉帛”“睦邻友邦”等和平的理念代代相传。中国共产党带领全国人民建立新中国后，更是坚定奉行独立自主的和平外交政策，奉行防御性的国防政策，始终坚持维护世界和平、促进共同发展的外交政策宗旨，致力于推动构建人类命运共同体。中国历届领导人都反复强调，无论发展到什么程度，中国永远不称霸，永远不搞扩张。习近平总书记指出，“中国奉行积极防御的军事战略方针，不会动辄以武力相威胁，也不会动不动到别人家门口炫耀武力。到处炫耀武力不是有力量的表现，也吓唬不了谁”。可以说，中国的发展是世界和平力量的增长，中国军事力量的增长也完全是世界和平力量的增长。

“兵者，国之大事。”关乎国家安全，关乎民族复兴，关乎世界和平。和平不会凭空出现，战争也不会自行消失。在可预见的未来，军事安全仍将是国家安全的头等大事，军事手段也仍将是国家安全的保底手段，可谓“不可不察也”。

# 参 考 文 献


1 李少军、李开盛等:《国际安全新论》,中国社会科学出版社 2018 年版。

2 刘跃进:《我国军事安全的概念、内容及面临的挑战》,《江南社会学院学报》2016 年第 3 期。

3 [古希腊] 修昔底德著,谢德风译:《伯罗奔尼撒战争史》(上册),商务印书馆 2010 年版。

4 [英] 保罗・肯尼迪著,王保存等译:《大国的兴衰:1500—2000 年的经济变迁与军事冲突》(上册),中信出版社 2013 年版。

5 毛泽东:《论持久战》,《毛泽东选集》第 2 卷,人民出版社 1991 年版。

6 [英] 埃里克・霍布斯鲍姆著,顾晓祺译:《论帝国:美国、战争和世界霸权》,上海人民出版社 2022 年版。

7 钮先钟:《西方战略思想史》,广西师范大学出版社 2003 年版。

8 陈崇北、寿晓松:《威慑战略》,中国原子能出版社 2020 年版。

9 [美] 肯尼思・华尔兹著,信强译:《国际政治理论》,上海人民出版社 2008 年版。

10 习近平:《在庆祝中国共产党成立 95 周年大会上的讲话》(2016 年 7 月 1 日),人民出版社单行本。

2

# 第二章

# 军事体制古今谈

2018年11月，习近平总书记在中央军委政策制度改革工作会议上指出，军事政策制度调节军事关系、规范军事实践、保障军事发展。战争从来不是武器装备、战斗精神等单一要素的对决，而是体系的对抗。军事体制是联结武器装备和军事人员的纽带。创新的军事理论、高科技的武器装备、高素质的军事人才，只有通过科学合理的军事体制才能转换成军队打赢战争的能力。重视军事体制改革是古今中外建设强大军队的历史铁律，一个国家、一支军队对待军事体制的态度和作为，直接决定着军力强弱和战争胜负。

## 中军谁来坐?

军事领导指挥体制包括国家领导国防的体制、政府实行国防行政管理的体制和军队总部指挥体制等。军事领导指挥体制涉及面非常广泛，其建立和发展受到国家政治制度、国家军事战略、军队体制编制、军事技术水平、指挥人员素质和人员思想观念等多种因素的影响和制约。世界各国军队总部对全军作战指挥与军事行政的领导，大多实行二者分立的体制，即国防部为全军军事行政领导机关，总参谋部（国防参谋部或武装部队司令部）为全军作战指挥机关。有些国家实行两者合一的体制，即国防部或总参谋部，既是全军军事行政领导，又是全军作战指挥机关。

在中国古代，最高统治者是直接掌控军权的。中国第一位世袭王位——夏朝的启，就宣称自己代表上天进行伐战。后历代最高统治者也模仿启的口吻，称自己是上天赋予战争权力的唯一代表。直到春秋时期，很多国君还亲自率军出战。历史上有不少国君被俘、负伤乃至阵亡。如，公元前645年晋惠公在秦晋韩原之战中被俘；公元前707年周桓王在与郑国繻葛之战中负伤；公元前766年秦襄公在进攻犬戎之战中阵亡；公元前660年卫懿公在与狄军作战中被杀等等。从战国开始，随着战争规模的扩大，国君亲自领兵出战的情况逐步减少。这主要是因为统治者不仅要确保人身安全，还得处理朝政要务维护国内稳定，不能一直在外征战。故就得派遣他人带兵打仗，这人在一定程度上获得了军权，在朝廷中也慢慢地形成了与文官相对应的武将这一特殊的官僚体系。又因军权的重要性，为防武将拥兵自重和夺权称王，统治者对武将分享军权的同时又对其进行监督和防范。

中国古代形成了文武两大职业官僚体系。春秋时期中国还处于部族国家阶段，各级贵族掌握政治权力，公、卿、大夫等贵族主持朝政。文武此时还没有明显的官职分类。一旦发生战争，卿一般会被任命为“帅”或者“将”领军出战。战国时期，原有旧贵族逐步退出政治舞台，以“士”为主体的新贵族开始全面执掌政务。这个时期由于战争日益频繁，作战的规模和时间也不断扩大，加上士兵来源多样，需有专职的军官专门指挥和管理。故一些新贵族逐步向职业官僚转化，原来只是临时的战场指挥员逐步演变为职业军官。到战国末期，各国都建立起了职业军官体系。秦始皇统一六国后，建立了中国历史上第一个中央集权制朝代，此时文武两个职业官僚系统已经完全形成。包括与丞相、御史大夫并列“三公”的太尉、掌管警卫宫廷门户的郎中令、指挥宫廷卫兵的卫尉、卫戍京城地区的中尉以及监督武官的护军都尉等。出战时则任命大将军、上将军、将军、裨将军等不同名称的指挥官。地方上也有类似制度，郡尉、县尉分掌地方军队的指挥以及地方的治安。后来，秦朝的文武职业官僚系统被固定下来并被各朝各代所沿用。

历代皇帝都对武将严加防范，于是便形成了种种监督和约束制度。最有名的就是“监军”制度。秦朝出现了巡视监察的官员“监御史”，“监御史”多是皇帝身边的文官侍从，受到皇帝的信任，用以加强对地方的监督，武将也是被监督的对象。“监御史”在战事紧张的时候甚至可以统兵作战。汉武帝开始委派“监军御史”到各战区监察指挥官。东汉时期，朝廷派出“监军”已形成完善的制度，“监军使者”都由朝廷命官担任，“监军”的职权有了很大的提高。此外，为防将领拥兵自重，皇帝常将军事的权力下放分解，让武将之间，以及文官与武将之间相互牵制和监视，于是便形成了历代复杂的军事指挥体系。如战略决策权和军事指挥权分离，军队平时的组织训练权与战时指挥权分离，以及战区的指挥权与作战部队的指挥权分离等等。这就出现了历史上有名的重文抑武等现象。重文抑武最典型的是宋朝。宋朝开国皇帝赵匡胤立国后，吸收五代十国武将干政的教训，极力削弱和分化武将的权力，通过“杯酒释兵权”解除了节度使的兵权。同时，宋朝在军事上实行“三权分立”，将调兵权、统兵权、握兵权一分为三，在中央实行了以枢密院掌管军政军令，“三衙”分掌军队的训练与日常管理，临时派率臣出征的分权制度。枢密院是名义上的全国最高军事机关，由文官担任。枢密院虽是最高的军事机构，但其本身并不统率军队，而是军事、军务的管理机构，如掌管兵符、管理兵籍等。“三衙”是专门负责指挥作战的机构，直接参与对外军事作战，除执行作战任务外，它们还负责军队的日常训练。“三衙”的长官由武将担任，三者也相互制约，无法形成武将专权。率臣，就是在战争之前临时委任的统兵官的总称，如安抚使及经略使等等。而在进行具体战争的时候，北宋皇帝又常以“阵图”对主将进行约束。“阵图”是皇帝事先制定好的作战策略，并派遣参与作战策略制定的将领“排阵使”监督主将。若主将按“阵图”作战，即使失败也不会追责；若主将违背“阵图”孤行己见，即使胜利也要受到惩罚。此外，宋朝还推行“更戍法”，就是中央和外地禁军定期互调。禁军在这种“更戍”过程中，统兵主帅会发生变化，也就难以培育自己的嫡系。

作为世界头号军事强国，美国有着最为庞杂的军事领导指挥体制。美国军事领导指挥体制的特点之一就是形成了政府掌控军队、文官治军的基本政治制度。美国国会拥有军事的最高管辖权，总统对军队有最高指挥权。关于国会对军事的管辖权，美国宪法第一条第八款就规定了国会的军事权力：“筹划合众国国防；宣战；征集陆军并供应给养；装备海军并供应给养；制定统辖陆海军之条例；规定征调民兵执行联邦法律、平息叛乱及抵御外侮之条例；规定民兵之组织、武装与训练及可能征调为合众国服务之部分民兵之管理办法。”关于总统对军队的最高指挥权，美国宪法第二条第一款也规定：“总统为合众国陆海军总司令。”因此总统拥有军队的最高指挥权和任免军事官员的权力。在这其中，国防部是统筹国家安全和陆海空军的机构，作为国防部行政首长的国防部长就是总统任命的文职官员，以处理军事方面的事务，担任总统的主要国防政策顾问，并负责执行国家的国防政策。此外，美国陆海空三军军种部的部长均为文官，军种部里的二号人物——陆军参谋长、海军作战部长、海军陆战队司令、空军参谋长才是军人。

俄罗斯联邦总统、俄罗斯联邦安全会议、俄罗斯联邦议会、俄罗斯联邦政府对保障国家安全、国防能力状况、武装力量和其他军队的战斗准备程度、动员准备程度和战斗力负全责。俄罗斯联邦总统兼俄罗斯联邦武装力量最高统帅，通过国防部长和总参谋长对武装力量实施作战指挥。国防部长通过国防部对联邦武装力量实施直接领导。俄罗斯联邦武装力量总参谋部对武装力量进行作战指挥，对武装力量各军种的指挥通过各军种总司令部进行。俄罗斯一直在开展军事领导指挥体制的改革，改革最重要的目标是实现军队建设管理与作战指挥职能的分离，即军政与军令的分离，从而实现军队的专业化建设和管理，同时适应联合作战的高效作战指挥，打赢未来战争。如今俄罗斯军队已基本实现军政与军令的分离。作战指挥链条由“总统、国防部长—总参谋部—联合作战司令部 / 独立兵种司令部—部队”四级指挥机构组成，其中，总统和国防部长负责战略决策，职能领域作战指挥的重心在总参谋部，地区性作战指挥的重心在联合作战司令部。建设管理链条由“总统、国防部长—军兵种司令部—军区—部队”四级机构组成，重心在国防部机关和军兵种司令部。

英国是君主立宪制政体，这决定了英国特殊的军事领导体制。英国军队的最高统帅是国王，但是国王只是名义上的统帅，英军的最高指挥权由英国首相掌握。国防部为最高军事行政机构。最高军事指挥机构为国防参谋部。首相通过在国防部设立的作战指挥中心和各军种司令部的司令官对英军实施作战指挥，战时则组成战时内阁指挥作战。英国最高国防决策机构为国防与海外政策委员会，由首相担任主席。制定与国家安全有关的内政、外交和军事政策，统筹国防建设与经济发展，组织协调军事机构和政府各部门在国家安全事务方面的行动，协助最高统帅作出决策，成员有国防大臣、外交大臣、内政大臣、财政大臣等，必要时国防参谋长和三军参谋长列席会议。

## 军队从哪来?

稳定的兵源是确保国家长治久安，维护国家安全的重要保障。

早期科学技术还不够发达的时候，兵力的多少一定程度上决定了一个国家军事实力的大小。后来随着科学技术的发展，军事水平从某种程度上反映了军事实力，兵源的招募也就不再一味强调数量，朝着多元化方向发展。而我国和国外的兵役制度也是随着时势不断发展，各有特点。

我国古代的先秦时期是从奴隶制转化为封建制的时期，这时的兵役制经历了“国人”兵役制到全民皆兵制的转变。“国人”兵役制，就是只有“国人”才有资格服役的制度。只有生活在国中及近郊的“国人”才有资格服役；而居住在国以外地区的“野人”，只能从事农业劳动、服劳役，不能服兵役。春秋时期起诸侯混战，各国为追求霸权疯狂扩军，不少国家开始取消士兵的身份限制，提高庶人地位，过去无权服兵役的“野人”也逐渐有了服兵役的权利，“国人”兵役制逐步被普遍兵役制代替。到战国时期，由于战争规模的扩大，有时一场战争双方参战人数达数十万人，开始出现全民皆兵制。如秦赵长平之战，秦军将赵军围在长平，秦王亲自赶到河内郡征召成年男子支援前线。但是，这一时期兵役制还未形成制度化。

到秦汉时期，征兵制开始成为主流。嬴政统一六国，成为我国历史上第一个封建大一统王朝的皇帝。秦朝当时实行普遍兵役制，规定 17 岁男子须进行兵役登记，且可能随时被应征入伍。汉朝时，普及义务兵役制度已经基本建立。三国魏晋南北朝，府兵制慢慢开始建立并流行。朝廷挑选身强力壮的民众充当府兵，免除其赋税负担。南北朝结束后，隋唐又继承并发展了府兵制。而南北朝至隋唐时期，除府兵制外，朝廷还实行军户制。就是把军籍与民籍分开，列入军户籍的人家一般不用向政府交纳租税，但须出人服兵役，民户则只纳租税而不用服兵役。军户制实现了兵农合一，平时生产，战时打仗，节省了大量军费开支，又避免了征兵制增加农民负担及妨碍农业生产。

五代以后，募兵制开始取代征兵制。宋朝就采用募兵制，招募禁军、厢军、乡兵和蕃兵。宋朝不仅招募军伍子弟，还常在灾年招募流民和饥民从军，甚至将健壮的罪犯也刺配当兵。明清两代则实行卫所兵制和八旗绿营制。明朝初年，以“卫”和“所”作为军事基层组织。“卫”与“所”是军营里的两种军队编制。所谓一“卫”，大约有5600人，一“所”则有1120人，通常情况下，每个“卫”包含5个“所”。在“所”之下，还有更小的编制单位，分别为百户和旗，分设指挥使、千户、百户进行统率。清代的兵制前中期以八旗和绿营为主。清朝驻防的旗兵和汉人分城而居。清代的汉兵，谓之“绿旗”，亦称“绿营”。清代中叶之前，外征以八旗为主，内乱则以绿营为主。现在中国的兵役制度，根据2021年8月20日第十三届全国人民代表大会常务委员会第三十次会议修订通过的《中华人民共和国兵役法》第一章第三条规定：“中华人民共和国实行以志愿兵役为主体的志愿兵役与义务兵役相结合的兵役制度。”

国外的兵役制度也各有不同。美国实行的是全志愿兵役制。美国历史上曾采用过民兵制、单一募兵制、单一征兵制、征募混合制等兵役制度，目前实行全志愿兵役制。英国实行全志愿兵役制及募兵制。实行全志愿兵役制度和募兵制之前，英国兵役制度经历了多次变革。8—17 世纪，英国建立了“国民军”，1066 年实行全民兵役制，1645 年创建常备军制度。英国《国民服役法》规定，所有 18—26 岁的健康男性青年均须在武装部队服役 2 年，并在期满后还须在地方军或者其他预备役部队中服役 3 年 6 个月。法国则实行义务兵役制。义务兵役制的基本原则为保家卫国是个人义务，不会受到财产状况、种族、宗教和道德信仰等方面的制约。俄罗斯实行的是混合兵役制。俄罗斯于 1993 年起实行义务兵役制、合同兵役制、选择性兵役制度相结合的混合兵役制度。俄罗斯法律规定，年满 18 岁必须服义务兵役，同时满足条件的可申请合同兵役。按照合同兵役制度要求，部队可与自愿服役者签订合同来实现征兵目的，但合同须明确规定双方的责任和义务。韩国实行义务兵役制和选择性兵役制度。韩国于 1949 年 8 月颁布《兵役法》，宣布实行全民皆兵制度。1950 年 3 月又实行志愿兵役制，并在 1951 年 5 月修订《兵役法》，开始实行义务兵役制，规定“大韩民国的所有公民都有义务服兵役”。

随着军事技术革命的发展，征集与招募兵员必须与军队建设和未来作战的需要相适应。各国兵役制度总体呈现三大发展趋势。一是推行募兵制，保障军队职业化。冷战结束后，欧洲一些国家摒弃以“数量取胜”的发展方向，在军队质量建设中普遍推行募兵制，实现军队职业化。它们认为，军队要搞职业化必须实行募兵制。因为，只有实行募兵制，才能使部分、甚至绝大部分士兵把当兵作为职业。只有较长时间在军队服役，才能掌握日益复杂的技术装备，适应军队现代化建设的需要。二是注重新兵智力，提高兵员质量。目前，各国军队建设的重点已经不是在数量方面，而是在质量方面。事实表明，军队常备军的质量建设，除了体现在军队的政治性质、军事思想、战略战术、武器装备、后勤保障等方面外，官兵的军事技术、文化水平和作风纪律的优劣，也是一个至关重要的因素。兵员素质的高低，是决定军队战斗力强弱的关键，尤其在武器装备越来越复杂、专业技术兵种比重越来越大的情况下，更是如此。三是调整服役期限，实行长短搭配。长期以来，军队对士兵服役期限的规定基本上是统一的，军种的士兵服役期也是一样的。由于军事技术装备日益复杂，技术兵比普通兵受训时间长，熟练掌握武器装备所需时间更长，因而普通兵与技术兵服役期不宜一刀切或统一行事。士兵服役期采取长短结合的制度，将会在更多的国家中实行。

## 枪炮怎么造?

和平与战争总是交替出现。一方面是战争经常发生，另一方面是和平时期总比战争时期长得多。而武器装备和其他军用物资的需要量在和平时期和战争时期又相差极为悬殊，不可能像民用物品那样均衡生产。这是国防经济不同于民用经济的主要特点。因此，既要保证战争时期对武器装备和其他军用物资的巨大需求，又要在和平时期不使过多的国防工业生产力闲置而造成严重的浪费，是国防经济体制所要解决的突出问题。为此，各国逐步建立起适应本国国情的国防工业体系。

早在春秋时期，各国统治者就设定统一管理兵器制造的部门。秦国的该部门更加完善，其统一管理兵器生产，建设兵器作坊，规范武器的制作工艺，实行标准化生产，使兵器误差极小。秦国国防工业的水平为秦统一六国奠定了基础。宋朝则出现了新式火器，使中国成为世界历史上第一个结束冷兵器，步入与火器并用时代的国家。宋朝当时设立了军器监，不断进行兵器的改良和研制，并筛选对比之前各种兵器的制造方法和标准，最终制定了相关制造技术和规范，统一了各类兵器的样式和铸造技术，并在全国范围内推广，这极大地提升了兵器质量和作坊的生产力。此外，军器监还对兵器生产者和生产兵器的一线工匠和杂役进行管理。元朝也设有军器监，后又下令各路设置军器局，下辖各州县的甲局、弓局、箭局、弦局、杂造局等，制造各种专用兵器。明朝也有专门制造军器的机构，在军器制造部门当中，工部下属的军器局，专门负责制造京营军队所用的常规武器和军装。而火器的制造由兵仗局铸造，兵仗局属于内府监局管辖。本来是用来生产御用皇家兵器的，后来扩大到专门生产各种火器。清朝时，恰逢科技革命后全球军事工业迅速发展，中国也出现了生产枪炮和弹药的兵工厂，近代军事工业亦随之兴起。19 世纪 60 年代，洋务运动兴起，在“中学为体，西学为用”“师夷之长技以制夷”等思想影响下，官办军事工业建立新式的陆军、海军和大量兵工厂。辛亥革命以后，各地军阀为增强自身实力，也新建了一些兵工厂。

美国的国防工业体系以国防部为主导、以私营企业为主体、以市场为基础、以法律为保障，寓军于民、军民结合、平战结合，已形成成熟完备的体系。美国的国防工业体系，主要由国防工业产业体系、企业组织体系、宏观管理体系和运行机制体系等部分构成。如美国重要的产业结构体系，兵器工业、军用航天、航空、电子、舰船、核工业等国防工业产业门类齐全，是全球首屈一指的军事大国。同时，美国军事技术先进，产业结构先进程度比一般国家高。企业组织体系方面，美国的国防工业企业主要有三种类型：一是私有私营企业。私人所有和经营的国防工业企业在美国国防工业中占绝大部分，它们同政府签订合同，享受政府的种种优惠政策。二是国有国营企业。二战后美国曾出现大量国有国营企业，后逐渐被转卖或关闭，现在的国有国营企业主要是一些军内科研单位和军工厂，承担军用技术开发、特殊军品研制生产和武器系统维修等业务。三是国有民营企业。国有科研生产基础设施除政府经营之外，还有一部分以合同的方式交给承包商管理。宏观管理体系方面，美国国防工业的宏观管理体系采取集中决策、分散实施的原则。主要是通过国会、总统、国防部和三军来决策和实施，其中美国国会和总统是国防工业的最高决策层，负责制定国防工业的总体发展战略，并通过预算拨款和政策对国防工业实施宏观调控。

与美国强大的国防工业体系相伴生的是“军工复合体”这个在美国特殊存在的顽疾。“军工复合体”一词由美国前总统艾森豪威尔首先提出。1958 年，艾森豪威尔政府成立了基于军事目的的主导科学研究和技术研发的国防部高级研究计划局，催生了航空航天、计算机、互联网、卫星导航等一大批重要的军民两用科研成果。艾森豪威尔政府扶持壮大美国军工复合体，使美国出现了大规模战争后却不大幅降低军费这一历史上不曾有的现象。艾森豪威尔的本意是要把美国打造成“民主的兵工厂”，以对抗共产主义、保护美国价值观。可到头来，军官、政客、国防公司的高管、科学家、战略学者、保守派基金会、出版商和退伍军人组织等日益结成紧密的“自利网络”，在他们的支持下美国麦卡锡主义盛行，裁军举步维艰。这迫使艾森豪威尔不得不在1961年离任前警告美国人，警惕军工复合体“危害我们的自由或民主进程”，并承认虽然世界“幸运地避免了战争，却无法保证持久的和平”。此后60多年，历经十几任美国总统和大小战争，今天的军工复合体已经全面渗透进美国的政治经济和社会生活，掌控着华盛顿庞大的官僚集团，动辄以美国国家安全为由挟持美国内政外交政策，从而维持美国战争机器的长久运转，将美国人民和世界不停带入战争灾难。

## 军费怎么征?

军费是国家用于军事方面的经费，主要用于军事建设、武器装备研发及战争等。一个国家的军费多少主要受其经济实力和外部安全环境所影响。一般来讲，经济实力越强，军费开支越大，外部面临的安全威胁越大，军费开支也越大。按照国防经济学术界的观点，军费占GDP的比例在2%—4%，是比较安全的比例区间。冷战结束后，美国、英国、俄罗斯等世界主要国家军费占GDP的比例都保持在2%—4%。瑞典斯德哥尔摩国际和平研究所2022年发布的2021年世界军费开支年度报告显示，2021年全球军费开支首次超过2万亿美元。在军费开支占本国GDP比重方面，根据报告数据显示，军费支出占 GDP 比重最大的国家几乎都在中东和北非，其中阿曼 (7.3%)、科威特 (6.7%) 和沙特阿拉伯 (6.6%) 三国名列前茅。而美洲的一些国家，包括阿根廷 (0.6%) 和墨西哥 (0.7%)，国防开支则都不到其 GDP 的 1%。但平均而言，世界各国政府每 1 美元的开支中有 6 美分用于军事。

在中国古代，军费主要依靠贡纳与赋税。夏朝时候税赋军制原始，也没有货币流通，更没有职业军人，军人平时务农，战时为兵，这时的军费以实物为主，主要以诸侯贡纳及贡赋为主。商朝在夏的基础上，手工业及农业有了发展，青铜器铸造也发达，军费仍以诸侯贡纳为主。周朝在财政体制上进一步完善，国家财政机构及军事机构共同参与军费的统筹。而军费主要来源为税收，大体为贡税法及助税法结合，“国人”贡，“野人”助，且“野人”无当兵的权利，以及从“国人”身上收取的军赋和诸侯贡纳共同组成军费来源。周朝已有官府铸币，货币流通，但军费仍以实物为主。春秋战国是中国社会剧烈变革的时期。奴隶制开始往地主制转化，地主阶级开始登上历史舞台；而在军队方面，允许“野人”参军，逐渐将“国人”与“野人”混同。此前，因为二者承担的赋税任务不一样，“野人”不需要承担军赋，允许参军以后，“野人”逐渐承担相应的义务。战国农业、商业和经济得到长足发展，税收增加，军费也相应得到提升。根据《汉书》记载，战国初期一户人家可收 15 石的粮食税，中和各国情形不同及人口估计，以全国人口2000万计，可以收3000万石税，按一成年男子一年20石计，约可供150万成年男子食用一年，再去除其他支出，当时全国大约可以养活100万军队。魏晋南北朝时期战争频繁，军需供应就变得尤为重要，各国的赋税重点就是为了承担军费支出。隋唐年间，军队费用的支出在国家预算之中占据很大份额，当时军费的筹集主要依靠各种国家税收。

古代的军事支出大致可分为军人生活保障消费、武器装备消费、工程设施消费、军事运输消费、军事教育消费、工程设施消费、战争赔款及军事馈赠等等。如，夏主要在军事工程及武器上支出，武器主要有铜制戈矛，以及弓箭和战车。商军制较夏进步，开始出现一些长期服役的军人，车战得到进一步发展，出现了专业技术兵种，也开始出现军队教育的支出，再加上对外战争频繁，养兵费用有所增加。商朝迁都频繁，有“前八后五”之说，都城有重要的军事防御价值，如偃师商城，在军事工程上的花费巨大。此外兵器制造和对军人的赏赐也是不小的支出。周朝尤其是西周时军事工程多样化，除了城池，还建立了关塞、烽火台等预警工程，以及驿站、兵车道路等交通工程，军事工程是其中最主要的开支。隋唐五代时期，军费支出占据了国家财政收入的首位。唐时期的军费支出大约可以分为“京师禁军费”“边境驻军费”和“监牧费”三大类型。京师禁军费方面，唐时期禁军的人数和规模逐渐上升，军费不断上涨。唐初期“北衙禁军”约有1.6万人，每年要消耗19万石的口粮以及32万匹段布和绢绸等，总计价值约为24万贯钱左右；而“南衙禁军”至开元年间达2万人，每年军费消耗达26万贯钱，唐朝中央禁军1年的财政支出需50万贯钱。边境驻军费方面，唐朝边境广，吐蕃等少数民族又不时爆发叛乱，故唐朝需部署相当规模的边境军队。边境驻军花费巨大，不仅要购买兵器及维系这些兵器的日常保养，还要保证军粮的稳定供应，除士兵们自己消耗的口粮外，军马饲料等其他杂项也包括在内。监牧费方面，唐朝初年，在陇右地区设置监牧一职，共“八使五十六监”，专门负责管理军队牛马的饲养与放牧。监牧费的主要支出条目有饲料费、监牧官员俸禄以及牧民、牧长的衣食费等等。至开元十年（722年），该区域放牧或饲养牛马多达70万头，如此庞大规模的畜牧管理自然需要依靠国家的财政补贴。

军费的投入受内外两大因素影响，即国家经济发展和外部面临的安全威胁。一方面，百年未有之大变局深入演进，国际局势动荡不稳，各种传统与非传统安全危机层出不穷，各国面临的外部安全环境大相径庭，这些都决定了各国军费开支的大小差异；另一方面，军事力量与军队建设需适应国家经济的发展，军费的多少也会对国家经济发展产生正面和负面的影响。正面影响主要包括军费可以增强社会总需求，以及对非国防领域的人力资源、科学技术、基础设施建设及社会安全等方面存在着溢出效应；负面影响主要是军费对其他公共服务支出带来的挤出效应以及对国际贸易平衡的影响。故军费必须维持在合理的比例，如果比例过高，就会影响其他行业的投入。

美国军费开支多年来冠居全球。在 2012 年到 2021 年的 10 年间，美国军费始终高居世界首位，占全球 10 年军费总开支的 39%。2022 年 12 月，美国众议院通过“2023 财年国防授权法案”，规定 2023 年美国国防预算高达 8580 亿美元。这是美国军费开支首次突破 8000 亿美元。高额军费持续支撑美国的海外军事行动。有美国媒体通过梳理美国国会研究局的数据发现，1798—2022 年，美国在海外共发动了 469 次军事活动，仅冷战结束至今的短短 30 多年间就发动了 251 次，数量远超冷战结束前 190 多年间的总和。这些军事行动的目标涉及世界上绝大多数国家。长期来看，经济发展是美国军费成长的基本保障和强力后盾，1948—2022 年，74 年期间美国的 GDP 复合增速为 6.3%，同期的军费复合增速为 5.8%。而从另一个角度观察，美国的“军费波峰”都对应着当时的国际安全问题：朝鲜战争、越南战争、美苏军备竞赛和多场中东战争牵引军费至阶段性高点。因此，长期来看经济对军费的影响较大；但在 5—10 年或一定长度的时间区间内，战争等问题对军费支出的影响同样非常重要。

# 参 考 文 献

1 [美]T.N. 杜派、R.E. 杜派著，传海译：《世界军事历史全书》，中国友谊出版公司 1998 年版。

2 贺慧琴：《域外兵役法律制度概览》，《人民法院报》2021 年 10 月 15 日。

3 张桂勋、董秋楠：《世界主要国家军事采购的特点及对我军的启示》，《物流工程与管理》2012 年第 4 期。

3

# 第三章

# 忘战必危，好战必亡

《孙子兵法》有云："兵者，国之大事，死生之地，存亡之道，不可不察也。"自古以来，军事手段始终是维护一国主权的保底手段，因此无论国家是否处于战争状态都应该坚持底线思维、注重国防建设、加强战备力量，否则一旦出现外敌入侵和内乱纷扰，就只能被动挨打乃至落得个国破家亡的下场。但同时，如果一国一味痴迷于战争，热衷于武力征服和军事扩张，只重视军事建设而忽视国家其他方面的发展，则会在四处树敌的同时导致民生凋敝、民怨沸腾，并最终将自己拖垮。有鉴于此，号称中国古代"兵法之源"的《司马法》就曾精辟地指出："故国虽大，好战必亡；天下虽安，忘战必危。"这一古语提醒世人要以正确的心态对待战争和国防军事建设，并在国家治理中将其摆在一个适当的位置，做到既不忘战、亦不好战。然而，古往今来有太多的国家和政权未能做到这一点，它们或是沉溺于太平盛世的表象之中苟且偷安，或是自认为实力强大而穷兵黩武，最终轻则国势衰颓、一蹶不振，重则亡国灭种、彻底消失于历史舞台。这一幕幕的历史教训既让人唏嘘不已，又时刻提醒世人要引以为戒，切莫再犯与其相同的错误。

## 葬于铁蹄的汴京风华

北宋宣和五年（1123年）仲夏时节，汴京（今河南开封）城内正处于一派喜庆祥和的气氛之中。这一年，大宋王朝在金人的帮助下收复幽州（今北京）及周边六州，恢复后晋以来中原王朝再未踏足过的土地。徽宗皇帝将之作为莫大功绩昭告天下，并举行盛大的庆祝活动。然而，在一片欢腾之下，世人仿佛选择性忘记这些土地是在宋朝两次北伐失败后以贡辽岁币的转让和一百万贯“代税钱”的代价从金人手中取得，亦没有注意到自身在军事上的羸弱与无能已被北方的游牧民族尽收眼底。

两年后，金军兵分两路南下，一路如入无人之境，兵锋直指汴京城下。大军压境下，徽宗不思抵抗反而急忙传位于太子并出逃南下，而继位的钦宗更是不顾主持城防的李纲等人劝阻，执意与金人媾和。鉴于宋军已陆续来援，为防孤军深入，金军在迫使钦宗接受割地、赔款、纳质等屈辱性条件后暂时北归。

徽、钦二帝本以为宋朝惯常使用的割地求和、称臣纳贡的套路依旧会生效，不仅驳回种师道屯兵黄河两岸“以备不测”的提议，还以“经济理由”大量遣散勤王官兵，并将护城功臣李纲革职。然而事与愿违，仅仅 6 个月后金人再次发兵南下，宋军大多望风而逃、不战自溃，汴京城再度陷入重围之中。直至此时，徽、钦二帝才想起整饬军备，并召李纲回京主持城防。但为时已晚，一个月后汴京沦陷，徽、钦二帝与其后宫嫔妃、皇室宗亲和文武大臣一起沦为金人阶下囚、任人宰割，并被金人掠走北上、再未南归。这就是历史上著名的“靖康之耻”，其亦标志着北宋王朝的覆亡。

“靖康之耻”和北宋灭亡引发后人无数的慨叹与反思，何以曾经繁华绚丽、富甲天下的北宋王朝这般昏聩不堪，以如此耻辱的方式被埋葬在金人的铁蹄之下？尽管个中原因繁多，但依笔者浅见，贯穿于北宋历史的重文轻武政策及其所造成的文盛武衰、军备荒废、忘战苟安的局面显然是最为重要的因素之一。

北宋开国皇帝赵匡胤本为后周禁军统领，在陈桥兵变后黄袍加身成为皇帝。即位后，他既担忧手下大将重演陈桥兵变夺权，更惧怕大宋将重演五代藩镇之乱，成为又一短命王朝。为此，他吸收前代教训，采取多种手段限制将领权力、加强中央集权：一则“杯酒释兵权”，以怀柔方式解除拥立有功的石守信、高怀德等禁军大将兵权，代之以杨信、党进等军中资望较浅、易于掌控的年轻军官；二则实行“更戍法”，定期调动禁军在各地驻防，而将帅却不随之转任，使“兵无常帅、帅无常师”，以期革除唐末五代以来将领豢养私人部曲之弊；三则分兵权，废除殿前都点检这一最高统帅职务，代之以“三衙”分别统率禁军，同时在中央设枢密院，使之与“三衙”相互挟制，分别掌管调兵权和统兵权；四则削藩镇，以“强干弱枝”为由将各地精兵抽调至中央，并设转运使收缴地方财税，切断藩镇割据的经济来源。

但赵匡胤认为这些措施只能治标，只有“兴文教、抑武事”才能治本。为此，他身体力行尊崇儒道、重用文臣、广开科举取士、号召武臣读书，甚至将“不杀士大夫及上书言事者”列为祖训家法之一。在他的大力推动下，太祖一朝一改昔日“重武轻文”的社会风气，开始转向“崇儒敬德”，文治之风渐起。就连位及枢密使高位，掌管天下兵马的曹彬在路上遭遇士大夫车马时都要“引车避之”。

客观而言，赵匡胤的一系列举措对中国走出晚唐五代乱世起到极大促进作用，且其虽然“重文”但未“轻武”，在其治下依然采取扩充军队、提高待遇、加强武备等措施，并依靠武略兼并南方多个割据政权。然而，其部分“抑武”措施亦有矫枉过正之嫌，如更戍法就使宋军在日常调任中疲于奔命、缺乏训练，在对敌作战时号令不通、指挥不灵，严重影响其战斗力。这些措施又被其子孙后代僵硬继承、层层放大，最终酿成宋朝军事“积弱”的苦果。

如果说赵匡胤只是“抑武”，那在其弟宋太宗即位后，宋朝就开始朝“轻武”乃至“贬武”的方向大踏步迈进。在即位之初，宋太宗本有意大兴武功，但两次北上伐辽失利使其心灰意冷，转而执行“守内虚外”政策，把防范武将专权列为国家的头等要务，对外则采取消极防御的方针，以避战求和为要，以防武将借机手握重兵、尾大不掉。正如其所言，“外忧不过边事，皆可预防；惟奸邪无状，若为内患，深可惧也”。

为收紧对武将的控制，太宗提出“将从中御”方针，要求武将按其预先所画“阵图”作战，不允许其根据实际情况便宜从事，这使前线将领只得亦步亦趋，极大限制宋军作战的机动性和灵活性。同时，太宗还派亲信担任监军，向其汇报前线将领的一举一动。这些监军以“天子钦差”自居，对前线将领颐指气使，甚至经常当众对其羞辱责骂，并在背后罗织罪名、构陷主帅，如“西山军”主帅郭进就不堪监军田钦祚的欺压愤而自杀。而“杨家将”故事的原型、一代名将杨业更是被监军王侁所逼向数倍于己的辽军发动进攻，在撤退时又因王侁提前撤军被围，最终力战而死。在如此肃杀的气氛之下，武将纷纷噤若寒蝉，在作战中只求自保，甚至有意避战，这使辽军得以在边界予取予求，时常南下抢掠人口财物。即便如此，太宗依然固执己见，甚至起用大量文臣担任武职，以求彻底扫除“内患”。

及至真宗即位，一切遵照太宗旧制，所任武将多为因循守旧、怯懦无能之辈，在作战中屡屡失利。看到宋军虚弱，辽圣宗和萧太后于景德元年（1004 年）亲领二十万大军南下，一路攻至黄河北岸的澶州（今河南濮阳），兵锋直指汴京。慌乱中，真宗本意南渡迁都，但在寇准等人的坚决反对下只得亲赴前线慰军，在军事形势有所好转后又急于求和。最终双方订立“澶渊之盟”，宋以每年向辽贡“岁币”、放弃收复燕云十六州为代价换取辽撤军和不再南犯的承诺，创下宋朝“和议”的先河。

“澶渊之盟”后，宋朝统治者认为北方边患已定，无需继续备战，和平可通过金钱购买，妥协苟安、麻痹松懈思想遍布朝野上下，以致“论和之后，武备皆废”，“大率忌人谈兵，幸时无事，谓敌不敢背约，谓边不必预防，谓世常安，谓兵永息，恬然自处，都不为忧”。而武将的社会地位亦一落千丈，被“指之为粗人，斥之为哙伍”，甚至官至枢密使的名将狄青亦被文臣当面贬损为“赤枢”，最终被排挤发配、郁郁而终。而科举入仕逐渐成为获取功名和社会地位的主要方式，所谓“有状元登第，虽将兵数十万，恢复幽蓟，逐强虏于穷漠，凯歌劳还，献捷太庙，其荣亦不可及也”。

到仁宗时，宋朝承平日久，已忘记战争随时可能再次降临。军队“未尝闻金鼓、识战阵，生于无事而饱于衣食”，训练亦只是走走过场，甚至雇人帮其“持被荷粮”；军备亦荒废失修，所存武器“长短小大，多不中度”。在党项首领元昊称帝并建立西夏后，宋派大军前去征讨，结果在三年间连吃三场败仗，最终只能依据“澶渊之盟”旧例与其达成“庆历和议”，继续以支付

“岁币”的方式“花钱买和平”。与此同时，辽还趁火打劫，要求宋增加岁币，宋为避免战事只能无奈答应，默默吞下忘战苟安、荒废军备的恶果。

仁宗年间的军事失利曾一度点醒宋朝统治者，并引发神宗振武强军的变法改革，但宋朝重文轻武的积弊已积重难返，流于表面的改革措施无力挽回宋军虚弱无能的状况，更难逆转社会“人心日柔、士气日堕”的风气。在神宗驾崩不久，宋朝就又回到苟安求和的老路之上，并最终在歌舞升平的浮华之中葬送在北方游牧民族的铁蹄之下。

北宋灭亡的历史教训极为惨痛深刻，它昭示着一国如果只重视经济社会发展，却忽视国防军事建设将会招致何种灾难性的后果。宋太祖大兴文治本意在吸取晚唐五代重武轻文的教训，但在后代各朝的僵化理解和机械执行之下，宋朝反而走向另一个极端：对带兵武将视若仇敌，对国防建设置若罔闻，沉醉于笙歌燕舞、太平盛世的表象之中，未能将经济上的繁荣转化为军事上的强大，一味依靠和议来解决边患，以为靠金钱就能买来和平。殊不知，经济社会的发展与繁荣最终仍要以强有力的军事力量作为保障，不然只会成为“水中月，镜中花”，在金戈铁马中化为泡影。

## 由盛及衰的罗马帝国

曾去过意大利首都罗马的游客一定会被这样一栋建筑所吸引，它呈一个椭圆型，由罗马洞石浇筑而成，内部遍布精美的雕像和工致的券柱，伫立在台伯河畔诉说着往日帝国的荣光，它就是被誉为“世界中古七大奇迹”之一的罗马斗兽场。

公元 107 年，正是在这里，罗马皇帝图拉真邀请全体罗马市民举行了一场极为盛大的狂欢活动，庆贺他将达契亚（今罗马尼亚西南部）纳入帝国的版图之中。据史料记载，这次狂欢时间长达 123 天，期间 1 万名角斗十和 1.1 万只来自世界各地的奇珍异兽日以继夜地为罗马市民献上精彩绝伦却又无比血腥的角斗和狩猎表演。6 年后，图拉真领军大败帕提亚帝国，并在其吞并的领土上新建美索不达米亚、亚述和亚美尼亚三个行省。由此，罗马帝国的疆域达到极盛，控制着大约 500 万平方公里的土地，统治着超过 7000 万的人口，形成一个东连伊朗高原、西抵大西洋、北到不列颠、南至撒哈拉沙漠的庞大帝国。生活在这一时代的人民相信，强盛的罗马帝国将在所向披靡的罗马军团的支持下走向永恒。

事与愿违的是，在仅仅 100 多年后，罗马帝国就陷入内乱不断、外患不绝、经济社会秩序濒临崩溃的黑暗时代。在 235—285 年的 50 年间，罗马前后更迭 26 位皇帝，而僭称帝号未得登基者更是不计其数。趁帝国内乱之机，大批哥特人、汪达尔人等被罗马人贬损为“蛮人”的部落不断入侵边界，并占据帝国北部从高卢（今法国）到黑海的大片领土。尽管在戴克里先即位后，罗马暂时稳住阵脚，但仍然难以恢复往日的荣光。其后，帝国逐渐分崩离析，并于395年彻底分裂为东、西两个部分。476年，西罗马帝国最后一任皇帝罗慕路斯·奥古斯都被日耳曼雇佣军首领所杀，曾经不可一世的罗马帝国亦随之轰然倒塌。

究竟是何原因使如此庞大的帝国犹如大厦将倾、一朝覆灭？这成为千百年来史学家们不断研究和争论的话题。不同的人在这一问题上给出了不同的答案，据德国学者德曼特的统计，仅西方世界就有210种关于罗马帝国衰亡的观点。显然，罗马帝国的衰亡是多重因素错综交织的结果。但毋庸置疑的是，罗马人贪图享乐、骄奢淫逸、苟且偷安的思想状况和生活方式，以及整个罗马尚武精神的颓丧都大大加速了帝国的衰亡。

据史籍记载，早期的罗马人“勤奋、简朴、务实，兼具美德与荣誉感”，具有深厚的尚武传统和强烈的民族主义精神。他们以农为本、以兵为尊，热爱土地、崇尚武功，既是辛勤耕作的农夫、又是坚韧不拔的战士，甘于为国家赴汤蹈火，以求赢得尊严与荣誉，由其组成的罗马公民兵更是以坚强不屈、吃苦耐劳，军纪严明著称。在公元前216年举行的坎尼会战中，罗马遭遇史上最为惨痛的失利，8万精兵强将全军覆没，三任执政官和80名元老战死，罗马“几乎没有一家人不为自己的某一个亲人而哭泣”。然而，这并未消磨罗马人反抗的意志，他们动员一切人力物力，全民上阵、积极备战，并于14年后在一代名将大西庇阿的率领下取得扎马会战的胜利，赢得第二次布匿战争。自此，迦太基一蹶不振，而罗马则成为地中海地区的唯一强权。而即便像大西庇阿这样令敌人闻风丧胆的将军，其生活亦十分简朴，依然亲自下田耕作，居所也十分简陋。正是靠这种艰苦朴素、顽强奋斗、百折不挠的民族精神，罗马才得以从亚平宁半岛上的一个蕞尔小邦，最终崛起为横跨亚欧非三洲的强盛帝国。

然而，随着帝国的不断扩张和财富的大量涌入，人们承平日久开始追求享乐，奢靡之风和狂欢纵欲逐渐弥漫至整个社会，罗马传统的道德观亦随之崩塌。德国哲学家尼采曾对此有过精辟的描述，“他们（罗马人）终于获得了幸福，周边大概没有敌人了，而且生活资料丰富，从而可以享乐了，于是旧的行为准则所强加给人的镣铐一下子被砸碎，以前那种道德观正在迅速成为过时的东西”。

在这时，人们开始以安逸享乐为荣，以辛勤劳作为耻；以肆意挥霍为荣，以勤俭节约为耻；以苟且偷安为荣，以忠勇尚武为耻；及时行乐、放纵欲望逐渐成为新的道德标准和行为准则。正如罗马人在北非提姆加德广场的题词所言，“狩猎、洗浴、游戏、大笑——这就是生活”。穷奢极欲的皇帝和贵族自不必说，就连罗马的平民都开始以向政治家出卖选票为生，醉生梦死、花天酒地，没有人关心国家的生存环境和前途命运。对他们而言，生活就应该是在观看角斗表演和处决死囚之后，去罗马浴场美美泡上一澡，再在晚上享受美酒与美食，而非在农田中辛勤耕耘或在战场上建功立业。据统计，1 世纪，罗马一年中的娱乐日为 66 天，到 2 世纪时已增加至 123 天，至 4 世纪更是长达 175 天。

社会的腐败与堕落像瘟疫一样迅速蔓延至军队，消蚀着罗马战士们的斗志、爱国心和荣誉感。士兵们不再抱有对国家的热爱和忠诚，只顾满足自己对金钱的渴望，忙于抢劫、掠夺财富和争夺土地，在外出作战时贪生怕死，经常临阵脱逃乃至直接哗变。军队纪律和战斗力更是荡然无存，士兵们甚至“以太重为由开始不穿盔甲，后来索性连头盔都不戴了”。在贪欲的驱使下，军队已不再满足于薪金和战利品，开始向皇帝收钱以换取支持，以致到最后将拥立皇帝变为一门生意，公开拍卖罗马皇帝的宝座，谁给的钱多就支持谁。皇帝在上台后为维护统治也只能成倍增加军饷，让“士兵都戴上金戒指，带着妻子安闲地住在军营中，尽量让他们过着舒适生活”，而一旦稍有怠慢，就会被军队推翻杀害。就这样，罗马军队由保家卫国的战士变成挑动内战的刽子手，使帝国长期陷入政局动荡、经济衰败、社会失序的状态，进一步动摇了帝国存续的根基。

在军队忙于内部纷争和纵兵劫掠时，位于边境的“蛮族”部落早已看到帝国边防空虚、软弱无能，开始大规模侵入帝国领土，而曾经声名赫赫的罗马军团在此时却腐败不堪、一触即溃，任凭“蛮族”肆意侵占和掠夺帝国的土地。为此，帝国只能“屈尊降贵”，以外交安抚乃至金钱收买的手段维持和平，并允许“蛮族”在高卢和西班牙等地定居。同时，帝国亦开始大规模征兵，希望将新鲜血液注入军队，借以充实边防力量。然而即便当兵有利可图，养尊处优、饱食终日的罗马人依然不愿再为国家效忠卖命。为此，帝国被迫采取“以蛮治蛮”的方略，招募大量“蛮族”雇佣兵进入军队。但这一举措无异于饮鸩止渴，为随后更大规模的“蛮族”入侵打开方便之门。

5 世纪初，西哥特人领袖阿拉里克入侵帝国，3 万罗马“蛮族”兵当场倒戈并助其围攻罗马。两年后，在城内“蛮族”奴隶的策应下，号称“永恒之城”的罗马最终陷落，800 年来首次沦落于外敌之手。罗马人经年累月积累起来的财富被洗劫一空，巍峨雄伟的宫殿被付之一炬，而罗马帝国的繁华与荣耀亦就此走向终结。

罗马帝国由盛及衰的历史深刻揭示了“天下虽安，忘战必危”的道理。帝国前期的和平稳定和繁荣昌盛反而磨灭了罗马人的进取心和尚武精神，使其沉溺于温柔乡中不能自拔，并最终形成从皇帝到平民、从社会到军队，全方位、全领域的腐化与堕落。在那个世风日下的时代，罗马人不仅失去了开疆拓土的热情，甚至对“蛮族”入侵的威胁亦视若无物，只顾及时行乐、贪图享受。而军队更是彻底沦为金钱的奴隶，贪生敛财、军纪松弛、战力下降，只会欺压平民、搅动内乱，无力保家卫国、反抗外侮。最终，当罗马帝国彻底丧失愿为祖国抛头颅、洒热血的勇武之士，只能依靠雇佣“蛮族”军队苟延残喘之时，其衰亡也就在所难免了。

## 自取灭亡的日本军国主义

200年前，日本还在德川幕府的统治之下闭关自守于东北亚一隅。1853年的“黑船事件”迫使日本打开国门，开始“开眼看世界”。明治维新使日本国力渐强，得以摆脱沦为西方殖民地的命运，却也催生出军国主义的萌芽，“强兵”逐渐被作为“富国”目标的优先和手段。中日甲午战争和日俄战争的胜利更令日本军国主义进一步膨胀，致使日本在侵略扩张的道路上越走越远，给中国及世界人民带来深重灾难。最终，日本军国主义自食恶果迎来了二战败亡的结局，其大国雄心亦折戟沉沙。

为什么日本最后会滑向军国主义的深渊？可以说，思想文化、政治安排、外部环境等因素都在其中发挥了作用。

“岛国根性”通常被用来形容日本独特的民族特性。日本作为孤悬海外的岛国，其狭小的国土面积和匮乏的资源衍生出摆脱狭小生存空间、对外开拓疆域的一面。美国社会学家鲁思·本尼迪克特曾以“菊”与“刀”作为意象来剖析日本的双重国民性格，形容日本人“既生性好斗又温和谦让，黩武又爱美，桀骜自大又彬彬有礼，顽固不化又能伸能屈，驯服又不愿受人摆布，忠贞又易叛变，勇敢又怯懦”，揭示出日本岛国国民精神的内在矛盾。正是这种独特国民性衍生出以崇尚武力为核心、以武士道精神为表征的军国主义。

事实上，日本军国主义思想渊源早已有之。早在 16 世纪末，日本刚走出群雄逐鹿的战国时代，太政大臣丰臣秀吉便提出“侵中国、灭朝鲜”的狂妄计划。幕府末年，日本政治思想家吉田松阴便公然主张日本要“失之于欧美，补偿于满鲜”。明治天皇登基后，在 1868 年发表的《宸翰》中宣布要“开拓万里波涛，布国威于四方”，在实践中则以强兵政策为优先。1871 年，日本右大臣外务卿岩仓具视率领代表团出访欧美 12 国，历时 20 个月，对西方“强权即公理”的观念深以为然，并向明治政府建言大力发展军事。明治维新对武士道精神加以继承和发扬，并向军队和学生灌输这种精神。

从政治根源上来看，1889 年颁布的《大日本帝国宪法》可谓日本走上军国主义道路的制度肇因。该宪法为明治维新后确立的近代天皇制提供了法律保障，天皇集皇权、政权、军权于一身，神圣不可侵犯。在军权方面，早在 1882 年，天皇便颁布《军人敕谕》，规定日本军队“世为天皇所亲御”，加强对军队的掌控。《大日本帝国宪法》规定天皇“总揽统治权”“统帅陆海军”，军部作为天皇的帷幄机关，可不经过内阁将军令事项直达天皇，军事权缺乏行政权的制约，军部由此获得滔天权势。

在军事扩张主义理念日趋强势的背景下，日本不断扩充军备。在1873—1893年的20年间，日本军费增长约113%，军费增速5倍于同期财政收入增速。中日甲午战争后，日本向清政府攫取了2.3亿两白银的巨额赔款，相当于日本1894年财政收入的3.5倍之多。然而，日本并未就此偃旗息鼓以专注于国家建设，而是摩拳擦掌准备与沙俄争夺霸权。为此，日本制定了大规模的扩张计划，并将绝大部分战争赔款用于扩充军备。例如，日本分配给教育基金的投入仅占赔款总额的2.9%，而用于陆军和海军扩张的费用占赔款总额的比重分别高达15.7%和36.4%，军费所耗之巨令人咋舌。

1904年的日俄战争因种种原因以日本的胜利而结束，日本通过此战获得大片殖民地，在国际舞台也几乎与西方列强平起平坐。日本财阀借机大发横财并掀起投资热潮，国内开启第二次工业革命，各项革新措施成效显著。然而，日本仍未“见好就收”。正如日本作家司马辽太郎在《这个国家的形状》中发问：“日本在对俄战争胜利后，为什么没把仓促建起的海军规模削减一半，缩小到只适于自我防卫所需的规模呢？”司马辽太郎给出的答案直指日本国内的战争狂热情绪，认为“这种高能量的大众热潮，给参谋本部充足了电，为整个国家的痴心妄想提供了动力”。

事实上，日本从一战中也获取了大量经济红利。得益于协约国的军需订单和日本商品对亚洲市场的大量出口，日本的工业化进程得以快速推进，日本迅速还清外债转而成为债权国。到1938年，日本经济已经超越意大利，且在制造业和工业生产能力指数方面超过了法国。对此，保罗·肯尼迪不得不感叹：“如果日本军事领导人在1937年不发动对中国的战争，如果他们在1941年不发动更具灾难性的太平洋战争，那么，人们可能会得出这样的结论，即日本也许早就实现了它到20世纪60年代中期才实现的超过英国产量这一目标。”

在杰克·斯奈德看来，“在20世纪30年代以前，日本的扩张计划是有限的，而且当面临负面反馈时，其扩张政策也是可以逆转的”。但是自1931年后，日本再也未对过度扩张进行过自我修正。如果历史可以假设，那么假如日本能在两次世界大战期间放弃扩张路线，也许其命运会大为不同。但是历史不能推倒重来。20世纪30年代的大萧条使日本经济遭受严重打击，日本对外贸易锐减、物价暴跌、生产大幅下降，日本军阀借机抨击议会制，公然主张军部独裁，鼓噪对外用兵，通过武力争夺世界原料与市场。可以说，尽管在20世纪30年代面临经济的压力，但是日本的总体情况并不算太糟糕，其军事扩张并不能算是理性的选择。但是大萧条促使日本军国主义势力走上前台，特别是在九一八事变之后，军部势力开始成为左右日本国内政局的主要力量，日本的军国主义体制也得以确立。

在军国主义体制下，日本肆无忌惮地走向了对外侵略扩张的道路，也开始在疯狂中走向自己的结局。1937 年日本发动全面侵华战争企图短期内灭亡中国，但遭遇中国军民的顽强抵抗，日本被拖入战争泥潭。日本侵华战争所费甚巨，随着时间的推移，日本不得不越来越多地依靠借款来支付巨额军费，国债以惊人的速度螺旋式上升。

在内外压力加剧的情况下，日本选择进一步扩张，以切断中国军队的供给来源，并以武力获得必要的资源，从而防止他国对自己形成包围。为此，日本军国主义加速“南进”步伐，企图建立以日本为中心的“大东亚共荣圈”，为此甚至不惜与英美一战。

日本的南进政策损害了美国的利益，美国对日本采取石油禁运并加强在太平洋地区的军事防御。在美日谈判破裂后，日本于 1941 年 12 月 7 日对珍珠港发动偷袭，重创美国太平洋舰队，导致太平洋战争爆发。在分析人员看来，日本对美国开战实在过于荒谬。从实力差距来看，当时美国人口是日本的近 2 倍，年国民收入是日本的 17 倍，钢产量是日本的 5 倍、煤产量是日本的 7 倍，机动车产量是日本的 80 倍。即便日本发动预防性战争，也难以摧毁美国的战争能力。此外，当时日本的陆军主力还都被牵制在中国战场。但是日本在军国主义的狂热下，拒绝收缩力量，而是选择铤而走险。

尽管日本在偷袭珍珠港后暂时取得了太平洋战场的优势地位，但是美国凭借自身经济和军事优势很快将战局扭转。日本在国外开始节节败退，本土也遭受威胁，损失惨重。1945 年 8 月，美国向广岛和长崎投下两颗原子弹，苏联对日本宣战，中国对日本发动最后反攻，穷兵黩武的日本在四面楚歌的情况下被迫宣布接受《波茨坦公告》且无条件投降。

日本投降后，美国进驻日本并随即对日本进行非军国主义化改造，包括解散日本军队、审判战犯、撤销日本军部大本营等战争相关机构等，作为体制和政策的日本军国主义最终迎来覆灭的结局。

日本军国主义的覆灭之路为“国虽大，好战必亡”增添又一注脚。事实证明，一国只有依靠和平的发展才能实现长治久安。二战后，为防止军国主义死灰复燃，日本制定了“和平宪法”，其第九条规定日本不允许拥有军队，并放弃“发动战争的权利”。然而，日本并未深刻反省其军国主义灭亡的教训，近年来日本一直在努力突破“和平宪法”的限制，军国主义呈现死灰复燃的趋势。例如，2016 年，日本实施新安保法解禁集体自卫权。俄乌冲突爆发后，岸田政府借机大做文章，意图修改宪法第九条，并大幅增加军费开支，在军事扩张的道路上狂奔。日本的上述举动无疑是开历史倒车，是对历史、对和平发展道路的否定，若不迷途知返，则必将重蹈历史覆辙。

## 军备竞赛拖垮苏联

二战结束后，欧洲列强黯然退场，苏联一跃成为仅次于美国的军事和政治大国，影响力横跨欧亚大陆。由于在战后的战略目标上相互冲突，美苏矛盾不断激化，战时的盟友很快反目，彼此为争夺世界霸权展开了激烈的斗争，国际关系的历史由此进入以美苏为首的东西方两大阵营对峙的冷战时期。

冷战期间，军事实力是美苏维持对彼此威慑力的强大来源，也是推动美苏攻守之势易位的重要因素，地位举足轻重。

美国多届政府均重视发展军事力量，从艾森豪威尔到肯尼迪再到里根均以军备为重点与苏联展开竞争，对苏军备竞赛从常规力量蔓延至核力量和太空领域。苏联则积极应战，举全国之力发展重工业和军事工业。事实上，军事资源在苏联的综合国力资源中长期独领风骚，也是苏联所仰赖追求世界霸权、与美国分庭抗礼的主要资源。然而，苏联依靠军事立国、谋求对外扩张、与美国展开军备竞赛等使国内经济不堪重负，导致危机不断发酵，最终动摇根基，国家大厦也一朝倾覆。

艾森豪威尔政府时期，美国在核力量方面对苏联具有绝对优势，自信其仅靠“发出威胁”便可使对手望而却步，故而抛出“大规模报复战略”，即如杜勒斯在 1954 年 1 月宣称，“主要依靠一支庞大的报复力量，它能够用我们选择的武器，在我们选择的地方马上进行报复”。这一时期，美国大力发展核武器及运载工具，且逐步形成了以战略轰炸机、陆基洲际弹道导弹和海基潜射弹道导弹为代表的“三位一体”战略核力量，大大加强了美国的核打击能力。

1954 年起，苏联为扭转核竞争的不利地位，除继续改进和增加核弹头储备外，开始大力推行“导弹核战略”，加大对洲际弹道导弹的资源投入。1955 年，苏联开始实验射程为 1600 公里的中程导弹。1957 年 10 月，苏联率先把人造地球卫星送上轨道，1961 年 4 月又成功将载人航天飞船送上太空，引发美国朝野震动。在赫鲁晓夫的大力推动下，苏联的核弹头数量由 1956 年的 400 枚增至 1961 年的 2450 枚，并在 1961—1962 年间进行了上百次核试验。随着苏联在核武器方面的进展，美国的“大规模报复战略”也宣告破产。

肯尼迪政府则提出了“灵活反应的军事战略”，在核力量方面，美国使用战术核武器打有限战争，使用战略核武器打核大战；在常规力量方面，提出“两个半战争”理论，即准备同时在欧洲、亚洲各打一场大规模的常规战争，同时还要有能力在其他地区应对紧急的情况。为了推行新的军事战略，肯尼迪政府大力发展战略核力量，其军备预算由1961年的415亿美元增加至1963年的482亿美元，洲际弹道导弹则由1961年的63枚增加到424枚，由此逐渐建立起一个可以行使“从最大规模的威慑到最隐蔽的影响”功能的武器库。事实上，20世纪60年代初期美国在核军备竞赛上对苏联具有明显优势。以1962年为例，美国拥有各类核武器27387件，而苏联只有3322件。其中，美国拥有各种战略核弹头5000枚、洲际导弹294枚，潜射导弹144枚，远程轰炸机630架；而苏联则分别拥有300枚、56枚、24枚和159架，差距明显。

1962年古巴导弹危机爆发，苏联在最后时刻退却，避免了核战争的爆发，但也刺激了苏联军方大规模发展核打击力量的决心。勃列日涅夫上台后，为谋求对美竞争优势，将大量人力物力投入到核军备的建设与扩充之中。在勃列日涅夫执政的18年里，苏联军费逐年递增，从1965年的折合370亿美元增加到1981年的近2000亿美元。这一时期，“苏联的直接军费占国民生产总值的15%左右，其中1/3的工业生产、1/2的机器制造业和金属加工业，都直接为军事服务”。与此同时，苏联与美国的核差距不断缩小，其洲际导弹和潜射导弹的数量甚至还实现反超，形成对美国的核均势。

里根上台后，一扫尼克松政府对苏缓和姿态，开始大张旗鼓重振军备。1983年，里根政府推出“星球大战计划”。与此同时，里根政府大幅提高军备开支，其军费开支在1982年开始超过苏联，到1985年美国的军费开支已较1980年翻了一倍。里根政府的意图在于既打破美苏核均衡，把太空开辟为美苏新的战略领地，又利用自身经济和技术优势，挑起新一轮的军备竞赛，从而实现在经济上拖垮苏联、在政治上“以压诱变”的目标。

长期的军备竞赛导致了苏联国力资源的过度消耗，苏联经济“久病缠身”，到戈尔巴乔夫上台时情况已非常严重。苏联举全国之力发展重工业和军事工业，投资、原材料等源源不断为军工生产输血，其军事技术也与民用技术脱节，农业、轻工业等行业遭到忽视、持续萎缩，导致工业结构畸形发展，与美国的经济差距也不断拉大。1985年，美国的国民生产总值为3.9万亿美元，苏联为1.8万亿美元；美国的人均年收入为1.3万美元，苏联的人均年收入仅有5400美元。在国民收入约相当于美国一半的情况下，苏联还要勉力维持一个与美国大体相当的军事体系，其军费开支在国民收入中的比重比美国多10%—20%，经济包袱过于沉重。“大炮代替黄油”的模式注定难以长久，苏联最终还是被过度的军备竞赛拖垮。

苏联被美国拖垮后，美国一时“风头无两”，自信迎来“历史的终结”，意图凭借自身世界第一军事大国的实力为所欲为。事实上，美国对军事手段的迷恋早已有之。新华社2021年8月发布的报告《美国同盟体系“七宗罪”》指出，自1776年宣布独立以来的 240 多年历史中，美国未参与战争的时间仅有不到 20 年。2001 年以来，美国以“反恐”之名发动的战争和开展的军事行动足足覆盖了“这个星球上约 40% 的国家”，中东及其周边地区更是沦为美国对外战争的重灾区。美国不仅纠集盟友发动阿富汗战争（2001—2021 年）、伊拉克战争（2003—2011 年），还深度参与利比亚战争和叙利亚战争，导致地区动荡、生灵涂炭。事实证明，美国穷兵黩武的脚步并未停止。历史也反复证明，一国若穷兵黩武、好战杀伐终将危及自身，美国从阿富汗仓皇撤军的日子还恍若昨日，如果美国继续痴迷武力、不反思自身穷兵黩武的政策，必将重蹈苏联失败的覆辙。

# 参 考 文 献


1 ［元］脱脱等:《宋史》，中华书局 1985 年版。

2 李焘:《续资治通鉴长编》，中华书局 2004 年版。

3 陈峰:《武士的悲哀：崇文抑武与北宋兴亡》，重庆出版社 2021 年版。

4 赵明明:《宋朝军事“积弱”因素浅析》，《湖北经济学院学报（人文社会科学版）》2007 年第 4 期。

5 张邦祎:《重文轻武：赵宋王朝的潜规则》，《四川师范大学学报（社会科学版）》2015 年第 1 期。

6 王立新:《试析宋夏战争初期北宋军事失利的原因》，《陇东学院学报（社会科学版）》2007 年第 1 期。

7 陈峰、张明:《从名将狄青的遭遇看北宋中叶武将的情况》，《中州学刊》2000 年第 4 期。

8 ［英］爱德华·吉本著，黄宜思、黄雨石译:《罗马帝国衰亡史》，商务印书馆 1997 年版。

9 ［美］戴尔·布朗主编，陈俐丽译:《罗马：帝国荣耀的回声》，华夏出版社 2004 年版。

10 ［法］孟德斯鸠著，婉玲译:《罗马盛衰原因论》，商务印书馆 1995 年版。

11 杨俊明:《道德沦丧与罗马帝国的衰亡》，《史学理论研究》2013 年第 4期。

12 张晓校:《罗马帝国衰亡军队原因探》，《黑龙江教育学院学报》2007 年第 6期。

13 沈坚:《罗马帝国衰亡原因散论》，《史林》1992 年第 3 期。

14 刘德斌:《国际关系史》，高等教育出版社 2003 年版。

15 周尚文等:《苏联兴亡史》，上海人民出版社 2022 年版。

16 ［美］保罗·肯尼迪著，陈景彪译:《大国的兴衰——1500—2000 年的经济变迁与军事冲突》，国际文化出版公司 2006 年版。

17 ［美］杰克·斯奈德著，于铁军等译:

《帝国的迷思：国内政治与对外扩张》，北京大学出版社 2007 年版。
18 ［美］鲁思·本尼迪克特著，吕万合等译：《菊与刀》，商务印书馆 1990 年版。
19 赵学功、陈红：《肯尼迪、赫鲁晓夫与美苏核军备竞赛》，《南开学报（哲学社会科学版）》2013 年第 5 期。
20 叶书宗：《关于勃列日涅夫当政时期的历史定位》，《上海行政学院学报》2002 年第 3 期。
21 随清远：《甲午战争赔款与日本》，《南开学报（哲学社会科学版）》2014 年第 6 期。

4

# 第四章

# 科技是核心战斗力

恩格斯指出，“一旦技术上的进步可以用于军事目的并且已经用于军事目的，它们便立刻几乎强制地，而且往往是违反指挥官的意志而引起作战方式上的改变甚至变革”。古往今来，科学技术成果广泛运用于军事，影响战争形态，改变作战方式，主导战争走向。新技术推动武器装备革新，而新装备促进新的战略战术产生，进而引发军队体制变革，最终导致战争形态演变。纵观人类历史，每一次科技的飞跃都改变了战争的历史进程。冶金技术打开冷兵器时代的大门；火药的发明拉开热兵器时代的序幕；坦克、飞机等武器的应用把人类战争引向机械化时代；核武器的出现带来“冷和平”；人工智能等科技创新推动信息化智能化战争时代到来。历史证明，科技优势是赢得战争主动、抢占制胜先机的不二法门。

## 马镫将骑兵推上神坛

在生产力不发达的时代，战争中使用的武器大部分依靠体能或外在机械力直接杀伤敌人，如剑、矛、弓、弩等，这些武器被称为冷兵器。根据史料记载，冷兵器的发展经历了三个阶段，分别为石器时代、青铜时代和铁器时代。

早在旧石器时代，原始人类已经开始使用石器作为劳动工具。进入新石器时代后，人口不断增长，狩猎呈现集团化的趋势，战争不断爆发，石器被广泛运用于战争中。在出土文物中已发现石斧、石锋、石毯、石铲、石锄、石刀、石镰、石戈、石矛、石箭等。部落中石器的多少直接影响其在战争中的胜负。但石器的硬度与锐度均较低，随着冶炼技术的出现，青铜武器开始取代石质武器。

据记载，公元前4000年至公元前3000年间，用青铜作为原料的剑、盔甲、盾等开始出现。相比于石质武器，青铜的硬度有了巨大提升，但青铜韧性较差，在剧烈碰撞中十分易碎，成为致命缺陷。如在秦始皇兵马俑坑发掘的秦剑，硬度高，但极脆。青铜的这种不足，为早期铁器的出现埋下伏笔。

拉开铁器时代大幕的先驱者，是从公元前 17 世纪到公元前 8 世纪小亚细亚地区的铁血国家——赫梯帝国。赫梯帝国是西亚乃至全球最早发明冶铁技术和使用铁器的国家，其铁兵器令埃及等国为之胆寒。赫梯人凭借铁甲冲锋陷阵，所向披靡，迅速崛起。据考古发现，我国在商代已出现陨铁锻制的铁刃。进入汉代后，连年征战催生了强大的军工产业，随着汉代冶铁技术和锻钢工艺的进步，中国从青铜时代进入铁器时代。

在冷兵器时代，出现了两个足以改变战争史走向的发明——弓箭与马镫。

在古代战争中，弓箭是远程火力输出的主要工具，从物理上改变了人类只能近战的事实，延长了人的攻击距离。古代战争史证明，拥有精锐弓箭部队的国家，在战争中胜利的概率会大大提升。中古时期的英格兰凭借独特的长弓优势，以大陆边缘的偏僻海岛为基地，在欧洲占据一席之地。在英法百年战争中，无论是克雷西战役、普瓦捷战役，还是阿金库尔战役，英国都借助长弓将法国击溃。在东方，射箭是君子必备的六艺之一，但由于弓箭需要大量训练，对弓箭手素质要求较高，成熟的弓箭手需要培训数年。为了迎合战争需要，弩应运而生。弩威力巨大，精度强于弓箭且可以平稳瞄准，极大提高了军队的战斗力。在秦国统一六国时，弩的使用对于战争的胜利功不可没。进入汉代，一次发射多矢的连弩被发明出来，在汉匈战争中，大大提高了汉军的杀伤力，保卫汉朝没有沦陷于匈奴的铁骑之下。

从战国时代赵国武灵王胡服骑射开始，骑兵作为一个新的兵种，登上了历史的舞台。马镫——一个在现代十分不起眼的发明，在军事史上具有划时代意义，将骑兵推上历史舞台的巅峰。在马镫发明前，士兵只能骑跨于裸马背上，仅靠拉紧缰绳或马鬃并用腿夹住马腹保持稳定。这种方式无法随心所欲地使用武器，同时十分消耗体力，骑兵极易滚落马下。在这一时期，骑兵除速度占优外，战斗力远不如步兵，仅作为一种辅助力量。而马镫的发明，将人、马、武器的力量合而为一。马镫为骑兵的双脚提供了强劲的支撑点，有助其保持身体稳定，能更好地驾驭战马。骑兵的双手得到解放，可以在飞驰的战马上左右大幅度摆动，完成左劈右砍、射箭等一系列动作。这样一来，利用马匹进行快速攻击成为可能，骑兵的杀伤力猛增。马镫的出现，使骑兵成为冷兵器时代的主力军。此后，以骑制步、以少胜多、以快击强的“骑兵时代”正式拉开序幕。《大英百科全书》中写道：“让人无比惊讶的是，人类骑兵时代的实现，居然是因为马镫的发明！”

考古发现表明：马镫的始创者是距今1700多年的中国北方鲜卑民族。中世纪早期，欧洲各国军队才开始普遍使用马镫。6世纪，匈牙利阿瓦尔人的墓葬中出现马镫。阿瓦尔人是蒙古高原柔然人的后代，429年柔然人被北魏击败后，沿草原丝绸之路西迁至欧洲的多瑙河一带定居。560年，阿瓦尔人对拜占庭帝国构成严重威胁。为巩固统治地位，拜占庭国王提比略二世对骑兵进行改组，特别强调必须使用铁制马镫。正是马镫的发明，使中世纪的欧洲进入了骑士时代，马镫也被西方称为“中国靴子”。英国科技史专家李约瑟说：“中国的马镫在最初帮助了欧洲封建制度的建立。”

回顾中国古代战争史，早期的骑兵多为轻骑兵，很少披挂甲胄。发展到汉朝后，骑手开始佩戴盔甲，而战马的防护微乎其微。作为最先冲锋的部队，骑兵必须提升防御能力，躲避弓箭和步兵的攻击。在战火纷飞的南北朝，披挂甲胄的重型骑兵诞生。在陕西省西安市出土的北魏重骑兵武士俑，武士们全身穿戴甲胄，只露面部。正如《木兰诗》所言：“雄兔脚扑朔，雌兔眼迷离；双兔傍地走，安能辨我是雄雌？”

在重型骑兵中，令人最为熟知的便是蒙古铁骑。元朝时，蒙古铁骑横扫欧亚地区，令欧洲国家闻风丧胆，成为成吉思汗和其继承者征服欧亚地区的重要军事力量。正是凭借先进的武器装备，元朝的版图空前拓展，蒙古军队的足迹遍布欧洲。13世纪，蒙古骑兵的武器装备已优于欧洲。据考证，蒙古骑兵由轻、重骑兵共同组成。轻骑兵使用蒙古弓，进行侦察与掩护；重骑兵身披铠甲、头戴头盔，使用长枪、短弯刀或狼牙棒，进行突袭。此外，蒙古马是蒙古骑兵的又一制胜法宝。蒙古马相比于欧洲马，虽然身材矮小，但耐力极强，可以长距离不停奔袭，连行数日而不进粮草，无论酷暑严寒都能在野外生存。因此，蒙古军队不需要拖带庞大的后勤供应辎重车队，也不必保留后方供应基地，大大提高了军队的机动性。

## 火枪开启热兵器时代

火药的发明孕育了新一轮的战争。中国人发明了火药，火器在宋代战场就已经出现，到明代有了较快的发展。据史料记载，明代著名抗倭将领戚继光为戚家军配备火器，大败倭寇，造就抗倭传奇。但此时，火器还没有成为战场上的主要作战工具，直至明末清初，西方自然科学传入中国，在数学、物理学、化学等自然科学的帮助下，火枪等武器诞生，火器逐步在战场上普及。13世纪，火药通过阿拉伯人传入西班牙，开始在欧洲流行。15世纪，德国发明了火绳枪；17世纪，法国发明了燧发枪；18世纪，英国发明了来复枪。这些枪支奠定了近代击发枪的基础。

但在工业革命之前，机械加工尚未发展成熟，枪支质量很差，无法达到较高的工艺水准。工业革命开始后，蒸汽机广泛运用于生产，机械化生产成为可能，为武器发展提供了技术支撑。1778年，舰载火炮在英国诞生；1854年，克虏伯后装炮在德国出现；1798年，美国生产出能够更换零件的滑膛枪；1846年，意大利化学家研制出用于爆炸的硝化甘油。伴随着科技的飞速发展，火器的种类不断增加，性能不断提升，冷兵器逐步被取代，热兵器时代到来。

由于枪械在战场上的普及，骑兵的战斗力不断下降，步兵取代骑兵成为主要兵种。与此同时，火器催生了新的兵种——炮兵。1671 年，世界上第一个炮兵团在法国成立，炮兵正式进入军队建制。蒸汽机的发明带动了造船业的飞速发展，欧洲国家将大功率的蒸汽机应用于船舶建造中，蒸汽战舰取代木帆战舰，战场开始由陆地扩展到海洋，西方海军开启了称霸全球的道路。

19 世纪后期，第二次工业革命爆发，以电力和内燃机为代表的科技开启了机械化战争革命。炼钢技术的进步和电力的广泛应用为武器装备的研发创造了条件。重机枪、大炮、坦克、飞机等相继问世，战争规模空前扩大。1914 年，一战爆发，席卷欧、亚、非三大洲，34 个国家卷入战争，受战火波及的人数超 15 亿，约占当时人口总数的 75%。据统计，有 7400 万人参与战争，造成了 840 万人死亡，2100 万人受伤。

一战前夕，重机枪诞生，能够长时间连续射击，极大地提高了远距离射击精度和火力持续性。在索姆河战役中，德军使用 MG08 马克沁重机枪，对英法联军进行疯狂扫射，仅仅一天时间，近 6 万人倒在了 MG08 马克沁重机枪的阵地前，2 万人当场死亡。自此以后，马克沁重机枪名声大噪，成为举世闻名的“杀人利器”。法国霍奇克斯 M1914 重机枪在一战中也成就了传奇。在凡尔登战役中，法国阵地上的两挺霍奇克斯 M1914 重机枪在 10 天内发射了 15 万发子弹，帮助法军牢牢坚守住阵地。

1916 年，坦克在英国问世，扭转了一战的僵局。一战爆发后，由于机枪和铁丝网的出现，进攻方损失惨重。在凡尔登战役中，法德两国激战 10 个月，共发射 4000 多万颗炮弹和百万发子弹。作为攻方的德国损失 35 万人，作为守方的法国损失 40 万人，战局依旧僵持不下。为突破敌方防御阵地，迫切需要一种既能进攻、又能防守、还能机动的新式武器，坦克应运而生。在索姆河战役中，坦克首次被投入战场，就发挥了惊人的威力。坦克越障跨壕、不怕枪弹、无所阻挡，帮助英国以极少伤亡突破德军防线，占领德国阵地。尽管最初英国的坦克由拖拉机改装，动力极不稳定，经常在行进途中停止，但这丝毫没有动摇其作为堑壕战终结者的身份与地位。自此以后，阵地战成为历史，坦克在一战中所向披靡。

为威慑法军，造成其后方城市恐慌，德军秉承“大就是强”的理念，研制出超射程炮——巴黎大炮。巴黎大炮最大射程为 121 公里，创造了大炮射程的新纪录。1918 年 3 月 23 日，一声巨响在法国巴黎塞纳河畔响起。在滚滚浓烟中，无数巴黎市民从梦中惊醒，四处逃窜。此后半年内，巴黎大炮从不同位置向巴黎发射多发炮弹，造成法国民众极度恐慌。

1903年，莱特兄弟驾驶飞机试飞成功。飞机的出现，引起了各国军事家的高度关注。最初，飞机只在侦察和通信联络方面发挥作用。随着战争的发展，飞机开始配备机枪与炸药，从仅能“登高望远”的侦察机，发展成可以进行攻击格斗的战斗机。空军就此诞生，将以陆地为主的平面战争变为包括空中在内的立体战争。1918年，机枪已经成为战斗机的标准装备，制空权的争夺对于赢得战争的胜利显得越来越重要。一战初期，交战双方仅有近千架飞机参与战斗，而到一战末期，在前线作战的飞机达万余架，成为左右战争胜利的决定性武器。

二战期间，海军在战争演进中发挥了战略性作用，各主要参战国为抢夺制海权进行了激烈的战斗，其成败对于陆上战场的结果乃至二战的结局产生了深远影响。在此期间，大批新型海军武器装备登上海战舞台，在世界海军史上具有里程碑意义。

航空母舰成为海军新的核心作战力量。尽管在一战开始前，航空母舰已经诞生，但受到科技水平的制约，其主要承担侦察、防空等任务。随着战争的演进，为充分发挥舰载机的作战威力，海战兵力编组以航母为核心，组成航母编队，实现攻防一体。1940年底，英国航母编队空袭意大利塔兰托海军基地，1941年日本偷袭美军珍珠港海军基地，并袭击英国与荷兰在东南亚的军事基地，航空母舰的成败深刻影响二战的走向，得到各国领导人的广泛认同。各国纷纷投入巨资，打造航母编队。其中，美国海军拿出总军费的一半用于航母建设，航母不负众望，在多个海上战区发挥重要作用。在大西洋战区，英美航母编队在德国潜艇可能进行海上补给的区域进行地毯式搜索，对德国海军造成致命打击。在太平洋战区，航母在珊瑚海海战、中途岛海战、莱特湾海战中成为主力。

随着水下战场的开辟，潜艇因其极高的隐蔽性和强大的续航力，成为“海军的骨干”。在一战时，潜艇已经参战。随着技术的进步，潜艇不断发展，无论在数量上还是类型上都获得极大飞跃。二战期间，潜艇的活动范围几乎涵盖各大洋，在侦察、运输、反潜、布雷及运送人员登陆等方面发挥了重要作用。在太平洋战争中，潜艇数量仅占美国海军总数的 16%，却击沉了日本商船总吨位的 55%、日本军舰的 29%。美军潜艇先后对特鲁克群岛、中国台湾、日本本土及周边海域实施封锁，并布置大量水雷，击沉击伤多艘日本舰船，切断了从东南亚到日本本土的海上交通线，加速了日本投降的进程。

## 核武器制造“恐怖平衡”

20 世纪初期，德国物理学家普朗克创立量子力学，美国物理学家爱因斯坦提出相对论，物理学领域出现划时代的理论创新。20 世纪 30 年代，核物理学一路高歌猛进，不断出现突破性进展。在战争阴霾的笼罩下，相关国家开始推动核研究运用于军事武器。

德国是最先开始研发核武器的国家。二战爆发前，德国希望借助科学家、原材料、工业水平的优势，率先研制原子弹。德国科学家奥托·哈恩和弗里茨·施特拉斯曼发现了铀核裂变，成功从原子核裂变中获得巨大能量。同时，全球铀储量的一半被德国垄断，捷克斯洛伐克与比利时的铀矿均被其收入囊中。德国还拥有完备的工业生产线，能够将科技成果转化为现实武器。德国的优势引发了美国、英国领导人的恐慌，一旦核武器被德国掌控，将对世界产生毁灭性后果。

1939 年，二战爆发，美军在战争中伤亡惨重。1945 年初，美国对战争走向进行了预测。美军陆战参谋部估计，当前日本的总兵力达 500 万人，战争仍将持续一年以上。美军希望利用科技手段取代人力，最大限度地减少人员伤亡，提前结束战争。原子弹就在这样的背景下被提上议程。

1939 年，美国总统罗斯福下令成立铀顾问委员会。1942 年 8 月，罗斯福批准“曼哈顿工程”计划。1945 年 7 月，人类历史上第一颗原子弹成功爆炸。英国首相丘吉尔在回忆录中写道：“只需付出少数爆炸的成本即能表现压倒性的威力，足以避免巨型和无限期的屠杀，结束战争，带给世界和平，对于受苦受难的人类伸出抚慰的手来。在我们所已经受过的一切艰苦和危险之后，这简直似乎是一种解脱的奇迹。”核武器的出现使传统武器的功能和性质发生了改变。

1945年7月，美国、英国、中国联合发布《波兹坦公告》，敦促日本无条件投降。但日本政府不为所动，号召日本民众顽强抵抗。在这种情况下，美国总统杜鲁门决定使用原子弹。1945年8月6日和9日，美军依次在日本的广岛和长崎投下两颗原子弹，两地瞬间变为火海，大量建筑被毁，数十万人死亡。核武器破坏力惊人，给日本造成空前损失，对加快日本军国主义的彻底毁灭、加速二战结束起到了重要作用。日本天皇在目睹原子弹的巨大威力和广岛的惨状后，在8月8日要求日军立即停止战斗。1945年9月2日，日本宣布无条件投降，二战最终以同盟国的胜利宣告结束。

美国决定使用原子弹还有着更为深远的战略意义。美国希望利用核武器的技术优势，在国际社会占据主动，在二战结束后以原子弹为筹码，主导战后国际新秩序。事实证明，原子弹巨大的影响力在战后国际格局的塑造中发挥了举足轻重的作用。美国依靠其核垄断地位，在与苏联的国际谈判中获得优势，迫使苏联在重要地区的争夺中妥协。

1947年，随着杜鲁门主义的问世，美苏冷战正式开始。核武器虽然不是冷战的产物，但在冷战时成为美国威慑苏联的王牌。

为打破美国的核垄断，同美国相抗衡，苏联投入大量人力、财力、物力加紧发展核技术。1949 年 8 月，苏联自主研发的第一颗原子弹成功爆炸，历时 4 年打破了美国垄断核武器的局面。1953 年，苏联成功爆炸第一颗氢弹，彻底结束了美国的垄断时代，美苏开启了核竞赛阶段。

核武器在促成美苏两极格局中发挥了重要作用。在当时，核武器被美苏两国垄断。因此，在国际社会中，其他国家都必须听命于美苏两国，世界划分为以美苏为首的两大阵营。20 世纪 50 年代，美国总统艾森豪威尔提出“大规模报复战略”，将核武器作为实现外交目标的后盾，试图通过核威胁统治全球。

不可否认的是，核武器的出现避免了大规模热战的爆发，在维持冷战格局、稳定国际局势上效果显著。在美苏的“核均势”下，美苏两国都忌惮对方拥有“摧毁”自己的实力，不敢轻易发动核攻击。核武器充当了“稳定器”的角色，多次化险为夷，使冷战格局延续了 40 多年之久。

其中，最具代表性的案例是古巴导弹危机。苏联在拥有核武器后，出于加强对美国威慑力的考虑，计划在古巴部署导弹基地。一旦基地建设成功，苏联的导弹几分钟内便可袭击美国本土，大大缩短攻击时间，削弱美国的反击能力。1962 年夏季，苏联陆续将多架“伊尔–28”喷气式轰炸机、“米格–21”战斗机、数枚“SS–5”中短程弹道导弹、“萨姆–2”地对空导弹运送到古巴，并向古巴派遣了大批作战部队。1962 年 10 月，苏联在古巴的导弹基地被美军侦察机发现，美国立即对苏联实施反制，将古巴严密封锁，以强硬的态度威胁苏联放弃导弹基地。与此同时，美国的核威慑不断升级。美国命令 60 架“B-52”轰炸机空中待命，其中 52 架携带有 196 枚核弹；命令 271 架“B-52”轰炸机和 340 架“B-47”轰炸机地面待命，携带有 1634 枚核弹。一场核战争一触即发。最后，因忌惮核战争的灾难性后果，苏联被迫作出让步，将古巴部署的导弹悉数撤出，一场声势浩大的危机在美国核威慑下得以化解。

1991 年，苏联解体，长达 40 余年的两极格局正式结束，世界开始向多极化发展。在政治多极化的过程中，核武器起到了“催化剂”的作用，促进了多极化政治格局的实现。在联合国中，美国、苏联（俄罗斯）、英国、法国、中国五大常任理事国都是拥核国家。这绝非一种巧合，而是从侧面反映出核武器在塑造国际格局中的重要作用。核武器作为一种强有力的军事打击手段，其战略意义远超一般武器，而作为一个国家综合国力的象征，在国际舞台上发挥着强大的制衡作用。

## 颠覆性技术加速战争形态演变

1946年，第一台电子计算机问世。自此以后，信息技术、生物技术、海洋技术、航天技术、新材料技术、新能源技术等进入了发展的快车道。20世纪90年代末，信息科学技术在日常生活中广泛运用，人类社会从工业时代向信息时代迈进，引发武器装备、作战方式、军事理论等方面的深刻变革，信息化战争时代到来。科技水平的高低决定信息化战争的成败。信息化战争与以往战争相比具有鲜明的时代特征。

第一，作战空间空前拓展。战争不再局限于传统的海、陆、空有形战场，电子信息对抗不断升级，无形战场出现。无形战场的胜负深刻影响着战局走向。1991年，海湾战争爆发，作为信息化战争的雏形，在世界战争史中具有划时代的意义。电子战作为美军的王牌，最终帮助以美国为首的多国部队获得海湾战争的胜利。在整个作战过程中，多国部队综合运用各类电子战手段，对伊拉克实施了全空域、全频域、全时域的电磁进攻，完全掌握制电磁权，使伊军无处藏身。在海湾战争爆发前5个月，美军在高、中、低轨道上部署多颗侦察卫星，不间断地监视伊军的重要军事设施、雷达、通信、导航和导弹系统，建立电子战数据库，为多国部队飞机雷达预警、电子干扰和发射反雷达导弹提供了依据。此外，美军策划代号为“白雪”的电子战行动，软硬兼施，对伊军进行电子攻击。一方面，美军通过地面电子干扰设备，对伊军的指挥、控制、通信系统进行干扰，使伊军雷达、通信、制导失灵，完全沦落到被动挨打的地步。另一方面，在对伊军发动空袭前，美军派出大量反雷达飞机，发射多枚反雷达导弹，炸毁伊军的军用雷达，使伊军对空袭措手不及。

第二，作战方式更为灵活。相比于机械化战争时期的接触战，信息战将非接触作战变为可能。随着信息技术的发展，武器装备的打击距离不断增加、精度不断提高，作战系统的远程打击能力大大增强。科索沃战争是典型的非接触式交战，交战双方从始至终都没有在战场上近距离作战。以美国为首的西方国家利用绝对的空中优势，对弱势的南联盟进行打击，用武力迫使其就范，创造了空袭制胜的战争历史。北约不仅对南联盟境内的所有军事目标进行24小时不间断轰炸，还袭击桥梁、铁路、电力系统等基础设施，整个空袭持续78天，造成南联盟近百万人沦为难民，直接经济损失高达2000多亿美元。

第三，战争呈现整体化趋势。在信息化战争中，信息技术推动作战力量形成合力，将不同维度的作战力量快速、高效、便捷地连成一体。2003年，伊拉克战争爆发。在这次战争中，美军打破海、陆、空军队传统的划分方法，实现海、陆、空、天、电一体化联合作战。在海上，美军舰分别从红海、阿拉伯海、波斯湾海域发射巡航导弹；在陆上，美第三机械化步兵师对伊拉克南部发动攻击，美第一、第二海军陆战队分别从伊拉克西南部和东南部直插首都巴格达；在空中，美战机从欧洲基地和美国本土起飞，实施远程轰炸；在太空，美军投入百余颗卫星，感知伊拉克的战场态势，对其进行严密监视；在电子战场，美国利用精确制导武器，对萨达姆等军政要员的府邸、指挥中心、新闻大楼等要地进行重点打击。

第四，作战时间大大缩短。在先进的信息武器帮助下，作战周期不断缩减。随着科技的发展，不同国家间的技术鸿沟越拉越大。拥有先进信息武器的国家，凭借高效的武器装备，将精确打击和远程打击完美结合，更容易达成作战目的。因此，相比于机械化战争时代，信息化时代下战争时长大大缩短。海湾战争历时 42 天，伊拉克战争历时 44 天，科索沃战争历时 78 天。

21 世纪以来，在人工智能技术的驱动下，互联网、大数据、超级计算等新技术飞速发展，呈现出深度学习、跨域融合、人机协同、自主操控等新特点，引发武器装备的新一轮变革。无人运输车、无人机、反潜无人艇、卫星机器人、超视距空战系统等智能武器层出不穷，推动作战方式、后勤保障、军事训练等方面不断创新，“以智驭能”的智能化战争崭露头角。

当前，世界面临百年未有之大变局，国际格局发生深刻调整，大国博弈愈演愈烈。为巩固国际地位、确保军事优势，世界主要大国纷纷制定战略、加大投入，希望抢占军事智能革命的先机。

美国提出第三次“抵消战略”，把人工智能作为战略支柱，投入大量经费，力求掌握最新智能技术，获得战略主动。俄罗斯提出智能化是武器装备现代化的关键，要求将无人作战系统的比例在2025年提升至30%。英国、法国、印度、日本等国也不甘落后，纷纷加大军事智能化投入和布局力度。

俄乌冲突使智能化战争真正进入现代战争舞台。2022年2月，俄乌冲突爆发。与国际社会的普遍预期不同，俄军没有达成速战速决的战场胜势，也没有形成碾压式力量优势。美国前所未有地开辟智能化战场，通过数字指挥体系，遥控乌军对俄军开展了一场智能化战场对传统战场的降维打击。以美国为首的北约集团利用自身的信息化、智能化优势，削弱军事实力占绝对优势的俄军在传统战场的力量，使处于弱势的乌军军力倍增。

首先，无人机在战争中大放异彩。无人机在抵近侦察、远程打击、定点清除等方面发挥重要作用，能最大限度减少伤亡。俄乌冲突爆发后，北约集团派出“全球鹰”无人机和“死神”无人机，活跃在乌克兰空域，为乌军提供大量情报。此外，“旗手”无人机成为乌军的“撒手锏”。“旗手”无人机从土耳其引进，能够实时采集战场图像，并配有远程反坦克导弹系统。乌军使用“旗手”无人机对俄军燃油车、地面输油装置、弹药补给车等后勤保障节点实施精准打击，摧毁俄军野战防空系统，极大震慑了俄军。

其次，外层空间助力掌控战场信息权。在俄乌冲突中，美国将“星链”系统投入战场，为乌克兰提供信息支援。“星链”卫星能够向无人机等智能武器提供超视距通信服务，在乌克兰地面通信基础设施被破坏的情况下，乌军仍可使用“星链”宽带数据网络将侦察数据发送至无人机操作系统。同时，“星链”在俄罗斯“莫斯科”号导弹巡洋舰沉没事件中扮演了关键角色。据俄总参谋部披露，“星链”卫星为乌军“海王星”反舰导弹提供了“莫斯科”号导弹巡洋舰的精确坐标。在“莫斯科”号导弹巡洋舰被击沉的当天，美国中央情报局局长威廉·伯恩斯承认曾“与乌军快速、有效地共享情报”。

最后，网络战愈演愈烈。在智能化战争条件下，网络空间与传统战场平行激战已经成为一种常态。在俄乌冲突中，网络战成为世界关注的焦点。俄乌冲突前夕，俄罗斯多家政府机构、媒体等网站就曾遭到乌克兰黑客攻击；冲突爆发后，“匿名者”国际黑客组织宣布对俄罗斯发动网络战，将俄政府与企业的海量内部数据公之于众，严重危害了俄罗斯经济社会安全。美西方国家通过互联网平台对俄罗斯实施封锁，使其无法在国际社会发声，进一步达到孤立俄罗斯的效果。在第 14 届网络冲突国际会议上，美国网络司令部司令兼国家安全局局长保罗·中曾根表示，美国曾向乌克兰派遣进攻性网络部队，对俄罗斯发动网络攻击。为反制美西方，俄罗斯黑客组织向美、英等 10 个国家宣战，造成西方银行系统在内的多种系统瘫痪。

# 参 考 文 献


1 崔连仲主编：《世界通史（古代卷）》，人民出版社 1997 年版。

2 陈新文、贺少华：《历史的联姻——科技与战争》，山西教育出版社 2002 年版。

3 黄金生：《凭借地利横扫敌军 马克沁机枪 防御主力 一夫当关》，《国家人文历史》2015 年第 17 期。

4 贾平、罗凤歧：《核武器对国际战略格局的影响》，《当代世界》2008 年第 7 期。

5 庞宏亮：《21 世纪战争演变与构想——智能化战争》，上海社会科学院出版社 2018 年版。

6 杨晓丹、杨志荣：《第二次世界大战期间海军的革命性发展与战略性作用》，《军事历史》2019 年第 2 期。

7 赵林：《从空中、地面到水下无人作战系统——无人作战，俄军走了多远》，《解放军报》2019 年 1 月 31 日，http://www.81.cn/jfjbmap/content/2019-01/31/content_226635.htm。

8 张效祥、张夷人编著：《现代科技与战争》，清华大学出版社 2005 年版。

9 《1914 年 7 月 28 日 第一次世界大战开始》，中国军网，2016 年 7 月 21 日，http://photo.81.cn/tsjs/2016-07/21/content_7178006.htm。

10 Britannica,"Battle of Verdun", https://www.britannica.com/event/Battle-of-Verdun.

11 Britannica,"Pairs Gun",https://www.britannica.com/technology/Paris-Gun.

12 Royal Armouries,"Hotchkiss Modèle 1914 Machine Gun", https://collections.royalarmouries.org/first-world-war/type/rac-narrative-56.html.

5

# 第五章

# 惟创新者胜

纵观世界军事革命的发展大潮，人类社会经历了以“千年”为单位周期的冷兵器时代，以“百年”为单位周期的热兵器时代，以“十年”为单位周期的机械化战争时代，当前已进入以“年”甚至“月”为单位周期的信息化战争时代。军事领域作为最具创新活力、最需创新精神的领域之一，在不断迭代、升级、演进中，霸主几次易位，亘古不变的是惟创新者进、惟创新者强、惟创新者胜的真理。

## 理论创新——从海空之争到多域协同

军事创新的思路决定军事创新的出路。只有在科学的理论指导下，才能将先进的装备与士兵转化为最大化、最优化的战斗力。作战域的不断扩大、延伸，也催生了一系列经典的军事理论。反过来，无论是马汉的“海权论”、杜黑的“制空权”理论，一度引领全球军事潮流，推进各国军队变革，在改变战争面貌上发挥了历史性的作用，至今仍久盛不衰。

“海权论”的提出。19 世纪末期，随着海洋的价值和海权的重要性愈发受到各国的关注，美国杰出的军事理论家、曾两度担任美国海军学院院长的马汉在总结了世界各国强弱盛衰的经验教训之后，大胆地提出“海洋霸权优于大陆霸权”的新观点。1890—1905 年，马汉相继完成了《海权对历史的影响（1660—1783）》《海权对法国大革命和帝国的影响（1793—1812）》和《海权与 1812 年战争的关系》三部曲，深刻阐述了争夺海洋控制权对维护国家利益和发展的重要性，成为举世公认的“海权论”的创始人。马汉认为，任何一个国家要想成为强国，必须首先控制海洋，尤其要控制具有战略意义的海峡通道。为了夺取和保持制海权，必须拥有强大的海上实力，即强大的海军舰队和商船队以及能控制战略要地的海军基地。马汉还总结了影响海权的六个要素，包括地理位置、自然结构、领土范围、人口数量、民族特点、政府性质。他非常重视海权与陆权之间的关系，认为海权与陆权相互依存又相互制约，陆上依托对海上力量意义重大。马汉还富有前瞻性地提出了如何应对海上冲突和竞争，认为海权的运用必须遵守"战争法则"，如集中优势兵力、摧毁敌人交通线、舰队决战和坚守中央位置等。马汉的思想对各国军事理论创新和决策都产生了巨大的影响。如美国、日本等把建立和发展强大的海上力量作为促进国家经济繁荣、夺取制海权以及维护国家国际政治地位的重要抓手。

日本海军崛起，加快对外扩张，奠定东亚海军霸权。1853年，美国东印度舰队司令马修·佩里将军率领四艘军舰开到日本江户湾口，以武力威胁幕府开国，闭关锁国600多年的日本人第一次看见现代黑甲军舰，深感震撼，也意识到日本与外国的巨大差距。1863年英国欲促使萨摩藩（日本藩属地）出面解决生麦村武士砍杀外国人的事件，因交涉未果遂派遣军舰炮轰鹿儿岛湾，日本再次认识到了现代化海军的威力。随后，明治政府提出"海军建设为当今第一急务"的建国纲领，并模仿西方开展了庞大的造舰和购舰计划，加快现代化海军舰队建设。恰逢其时，马汉的《海权对历史的影响（1660—1783）》在这期间出版后立即被译成日文，据说上至天皇，下到政府官员、三军军官和学校师生都争相阅读马汉的著作，日本举国上下形成发展强大海军的统一意志。日本凭借日益强大的海军从此走上对外扩张的不归路，先后赢得同中国的甲午战争、同俄国的对马海战。加上英日同盟的形成，日本一举成为20世纪初的世界海军强国，奠定东亚地区海军霸权。

中途岛战役美国海军以少胜多，彻底扭转太平洋局势。当美国面临保守孤立主义与积极向海外拓展的两难选择时，“海权论”促使美国国内形成新的共识，即建设强大的海军对保持美国经济快速发展、维护美国海外的经济和商业利益十分重要。在两次世界大战的实践中，美国凭借强大的海军力量实现高效快速地向欧洲战场输送兵力，并对德国两次形成东西夹击的战略态势，为赢得战争胜利奠定了坚实基础。1942年6月4日，中途岛战役爆发，美国海军以损失一艘“约克城”号航空母舰的代价击沉日本“飞龙”号、“苍龙”号、“赤城”号与“加贺”号四艘重型主力航空母舰。日美海军航空战力之间的差距大为缩小，双方在西太平洋的海权力量恢复平衡。此战成为美军以少胜多的经典战役，也深深鼓舞了反法西斯同盟国家的士气，迫使日军进入被动防御的阶段，取得扭转太平洋战争局势的胜利。

“制空权”的提出。1909年，军用飞机在美国刚刚投入使用，意大利军事家朱利奥·杜黑就敏锐地预见到“天空即将成为战场”。一战开始后，各国争夺制空权的斗争愈发激烈，许多国家为此专门成立了歼击航空兵部队。杜黑通过分析飞机在一战中的作用，富有预见性和创造性地提出“空中势力论”，认为陆上力量的使用只能局限在地面，海上力量的使用只能局限在海面，而空中力量可以同时辐射陆、海、空，因此，空军必然优于陆军和海军。他在专著《制空权》中明确指出，现代战争依靠全体国家工业基础的支援，一旦摧毁基础建设就足以使敌军失去发动战争的能力。如要彻底摧毁敌军的生产力，就必须对其发动战争的军用设备进行大规模的战略轰炸。

“制空权”理论在二战中得到了真实有效的验证。1939 年，德国空军在欧洲战场以突袭的手段接连打垮波兰、西欧诸国和苏联的空中力量，一举夺取制空权，保证其“闪击”战略取得成功。1940 年，希特勒决定对英国城市发动地毯式轰炸，德军却因为战术上的失误，在不列颠空战中一直无法夺得制空权，因此错失摧毁英国重点战略目标的机会。由于德国空军无法摧毁英国皇家空军，也无法掌握英国南方、海峡沿岸的制空权，最终纳粹德国专门针对英国的“海狮登陆计划”被迫划上句号。1941 年，日本空军通过对珍珠港突袭和对东南亚盟军空中力量的轰炸，夺取了制空权，充分保障了其陆军和海军不到三个月就占领了东南亚和西太平洋。1944 年，诺曼底登陆成功前，盟军迅速增强自身的空中力量，通过几个月轮番轰炸摧毁德国的海空作战能力，取得了绝对的制空权，最终把战争推向德国腹地，并使日军迅速败退。

二战后期核武器出现以后，“制空权”理论的意义一度遭到质疑。然而，随着拥核国意识到“核战争打不赢也打不得”的现实，大国之间的对抗开始转入常规战争为主的军事博弈，“制空权”的影响和作用再次得到各国重视，各国空军也随即步入大发展时代。进入信息化时代以来，包括叙利亚、也门和利比亚的多场重要战役，阿塞拜疆和亚美尼亚之间的纳卡冲突以及俄乌冲突等，作为新兴技术和产品代表的无人机，在战场上扮演了重要角色，并引发各国对现代战争背景下如何夺取制空权的反思。

随着智能化时代的到来，人工智能、神经科学等新兴技术的发展和军事应用将对战争的进程和结局产生颠覆性影响，主要军事大国已着眼未来战争，加快作战思路的调整。如美国国防部近年在作战理论研究方面尤其活跃，相继提出“空海一体战”“全球公域介入与机动联合”“作战云”“忠诚僚机”“分布式杀伤”“无人机蜂群”“多域战”等一系列的作战理论和构想。虽然有的理论提出后未曾在实际战争中应用，但通过预测、推演未来战争，更新作战理论和指导思想，为美军应对未来战争，提升战力和研发武器装备提供了更明确的方向。

## 战术创新——大炮巨舰从巅峰走向落寞

《孙子兵法·虚实篇》曰:“故兵无常势，水无常形。能因敌变化而取胜者，谓之神。”面对战场上瞬息万变的形势，没有任何一种战术能永远确保胜利。如果不能与时俱进兼顾利弊、审时度势量敌用兵、因地制宜采取灵活战术，很难在变幻莫测的战场上成为“常胜将军”。正如大炮巨舰主义，作为历史上曾经风靡一时、无往不利的海军战术，从巅峰走向落寞，在军事史上留下浓墨重彩的一笔，也生动地诠释了战术创新的重要性。

始于英西大海战，英国打败西班牙无敌舰队。16世纪的西班牙是世界级的鼎盛强国，而“无敌舰队”是西班牙当时最著名的海上舰队。据统计当时约有150艘以上的大战舰，3000余门大炮和数以万计的士兵，最盛时舰队有千余艘舰船，可横行于地中海和大西洋之间。“无敌舰队”大多数是大航海时代之前的舰只，运载量虽然很大，但防御性能和火力攻击却很弱。因此，西班牙一般都是利用小船袭扰敌方，然后再通过大船贴近敌方船只，实施接近船舷的战斗，并让己方士兵登上敌舰杀伤敌人的有生力量。这种战术在大航海时代前期发挥了巨大的威力，并促成西班牙海上霸主的地位。1588年，英西大海战爆发。英国对阵西班牙时，并没有照搬照套传统的接舷战，而是通过更新战法，应用新型战舰、创新海战战术，把此前近距离肉搏式的战斗变为以火炮为主的远距离交战，最终一举击败西班牙“无敌舰队”，拉开海上霸权时代的序幕。这场战役充分表明，仅仅依靠战船冲撞和登船作战的传统方式已经不能适应未来海军作战需求，世界海战也由此进入了远程大炮发挥威力的时代。

日德兰海战标志着大舰巨炮主义迎来巅峰时刻，也拉开了人类海战史上的新篇章。1906 年，英国皇家海军的“无畏”号舰船下水服役，其技术与设计之先进远超过同时代的战舰。一是采取“全重炮”武装配置，其装备的大口径火炮数远超以往的战舰；二是使用蒸汽涡轮发动机作为推进系统。随着无畏舰逐渐成为海上力量、乃至衡量国家强弱的重要指标，各国展开了规模巨大的无畏舰建造竞赛，尤其是英国与德国竞争最为激烈。德国在短时期内组建了数量庞大的公海舰队，成为仅次于英国皇家海军的海上力量，这反过来又刺激了英国，为了维持海上霸权，保持海军优势，必须建造更多、更强的新式战舰。诸多研究认为，无畏舰造舰竞赛是一战爆发的导火索之一。

尽管世界各国耗费大量资源、争相建造无畏舰，但历史上却只爆发过一次无畏舰舰队间的大规模交战，即日德兰海战。1916 年5月31日至6月1日，英德双方在丹麦日德兰半岛附近北海海域爆发的大海战，是有史以来参战兵力最多、一战中规模最大的海战，也是战列舰时代规模最大也是最后的一次舰队决战。由于英德两国战略决策者受传统军事思想的影响，认为舰队决战是取得制海权最直接的办法，因此，在日德兰海战前，无论在装备建设上还是在编制训练上，双方都以在决战中歼灭敌主力舰队为目的，不惜花费巨资建造和编练庞大的战列舰舰队。交战双方在战争中唯一一次全面出动舰队主力决战，从此结束了以战列巡洋舰为主力舰的海战史。虽然德国海军损失的舰船和人员相对英国海军较少，但英国皇家海军本土舰队依然成功地将德国海军封锁在了德国港口，使其在战争后期几乎毫无作为。

航母时代到来加快大炮巨舰主义衰落。一战结束后，美国、英国、日本、法国和意大利五国于1922年签订了《限制海军军备条约》即《华盛顿海军条约》。该条约明确提出了针对各签约国战列舰和战列巡洋舰吨位的限制，但允许缔约国将战列舰改造为航空母舰。美国、英国和日本，为了壮大海军力量，除了制造条约中允许吨位的战列舰之外，还加紧研制、改装航空母舰。20世纪30年代末期，随着《限制海军军备条约》时代结束，列强军备竞赛又再次兴起，英、美、日、德四国均试图建立世界最强的战列舰。随着航母战斗群和舰载机技术的完善，海上战争逐渐形成了海空立体作战体系，大炮巨舰作战的短板和缺点暴露无遗。此时二战爆发，意大利海军主力常驻亚平宁半岛南部的塔兰托港，掌握着地中海中部的制海权。塔兰托港面对着浩瀚的东地中海，与西西里岛共扼地中海的咽喉。凭借优越的地利条件，意大利海军进退自如，还可随时袭击英军在地中海上的运输船队，使在埃及作战的英军后勤补给陷入困境。1940 年 11 月，英国皇家海军首次通过航空母舰舰载机奇袭意大利海军基地塔兰托港，取得重大胜利。据称，英国舰载机只出动 21 架飞机，最终损失 2 架飞机和 8 条鱼雷及少量炸弹，击沉、击伤意大利海军战列舰 3 艘、巡洋舰 2 艘、驱逐舰 2 艘，掌握了地中海的制海权。塔兰托之战充分证明了制空权及战机的重要性，万吨战列舰在与飞机对决期间生存能力也遭到了广泛的质疑。英美两国开始改变战略，大量建造航空母舰，日本海军则保留航母与战列舰平行的战略。

随着科技进步，新型海军兵器不断出现，海军作战手段也日益丰富，舰载航空兵的突击威力和潜力充分彰显。各国都意识到，企图通过一次决战实现战争目的已不可能。各海上强国开始竞相研发争夺制海权的新型武器并探索新的战法，航空母舰逐步取代战列舰一跃成为海军主要舰种，这也预示近距离对轰战斗模式的日益式微及大舰巨炮主义的终结，使用大型舰装备大炮的机会也已不复存在。

## 组织创新——从德国总参谋部到智能分析

军队是否拥有完善的指挥机构，对于取得战争的胜利具有重大意义。正如著名的普鲁士元帅、德国军事家老毛奇曾经说过，

“在大多数情况下，军队指导者需要顾问”，“一支军队组建一个司令部是十分重要的”。而总参谋部作为辅助军事统帅组织和管理军队的“大脑”和指挥中枢，从雏形初现到成为各国效仿的模板，是人类军事变革的重要里程碑，也是军事组织创新的典范。

普鲁士军改奠定总参谋部雏形。1640 年，勃兰登堡—普鲁士[1]大选帝侯弗里德里希·威廉效仿当时倍受推崇的瑞典军队，组建了军需总监部，担负工兵勤务、选择行军道路和宿营地、构筑阵地等任务。至腓特烈大帝[2]时代，军需总监部的职能和权力获得进一步的扩大，增加了传令、为行军部队指路以及为将帅们起草报告和文书等任务。在 1772 年第一次瓜分波兰[3]的作战和 1778 年普鲁士王国与奥地利大公国因巴伐利亚王位继承问题而爆发的战争中，军需总监部负责后备部队的计划和领导工作，直接成为国王的得力助手。至此，普鲁士总参谋部的雏形基本确立。

到 19 世纪初，普鲁士著名的军事改革倡导者、组织者和实

---

1 17 世纪至 19 世纪初德意志的重要邦国，后发展成为普鲁士王国。统治者是霍亨索伦家族。勃兰登堡—普鲁士由众多邦国组成，主体部分是勃兰登堡伯爵领地和普鲁士公国。

2 弗里德里希二世，军事家、政治家、作家和作曲家，后世尊称其为腓特烈大帝，是霍亨索伦王朝的第三位普鲁士国王（1740 年 5 月 31 日—1786 年 8 月 17 日在位）。

3 1772 年 8 月，为反对波兰和土耳其，俄罗斯、普鲁士、奥地利三国在彼得堡签订瓜分波兰的条约。

施者沙恩霍斯特和格奈泽瑙等人领导成立“军事改革委员会”，并不断改善普鲁士军需总监部职能，为确立其在军事领域的历史地位作出了巨大的贡献。沙恩霍斯特还提出要组建“军队总参谋部”，下设四个处，分别负责战略战术、军队内部事务、补给、炮兵和弹药事务。而“军事改革委员会”的成员马森巴赫上校于1801年和1802年先后起草了两份文件，就总参谋部的组织、职能、任务等进行了深入的阐述和非常具有前沿性的设计构想。马森巴赫提出，要在和平时期组建常设的总参谋部，按作战区域即奥地利、俄国和法国制订具体作战计划。参谋人员应该通过旅行训练对预设战场的地形态势和环境进行探测勘察。驻外武官负责收集有关战争的情报和做出相关预测，总参谋部与部队之间要畅通人员和信息的交流。马森巴赫还要求，应该赋予总参谋长直接向最高当局进行报告的权力。当时的普鲁士国王弗里德里希·威廉三世听从马森巴赫的建议，着手进行军需总监部改组工作。1821年首任总参谋长卡尔·冯·米夫林男爵上任，标志着总参谋部的正式成立。

老毛奇开创总参谋长指挥作战先河。1857年，老毛奇[1]开始担任总参谋长，期间对总参谋部进行了大刀阔斧的改革。他在总参谋部下设三个职能处，分管普鲁士东、西、南三个战略方向。

---

1 其于1857—1888年任总参谋长。

第一处主要负责奥地利、俄国等东方、北方国家事务；第二处主要负责普鲁士本土和瑞士、意大利等国家事务；第三处主要负责法国、比利时、英国等西方国家事务。此外，老毛奇还设立了铁道处，计划利用德国的运输网快速调遣兵力，灵活地打击敌人，如在 1870 年普法战争中，普鲁士利用自己的铁路把部队第一时间调往了普法边境。老毛奇还在总参谋部下面成立军事科学处，汇聚全国杰出的历史学家和统计、地形、测量专家，为普鲁士士兵更新装备、改革战术思想提供技术支持。

在老毛奇的谋划下，普鲁士陆军开始配备后膛步枪和杀伤力更大的火炮，参谋人员也开始通过精密的计算来推演战争发展的态势。实际上，在对丹麦、奥地利、法国这三场战争中，普鲁士与对手势均力敌，甚至在某些方面处于劣势。但是，总参谋部每一次都是提前几年就开始布局和反复推演，不断制订完善的作战计划，最终一次一次地战胜对手。1866 年 6 月 2 日，普鲁士国王颁布命令，授予老毛奇以指挥军队的全权，宣布总参谋长与战争部长保持平行的指导关系，从而使总参谋部第一次成为全军最高的、具有实权的指挥、协调机构，也开创了普鲁士军事史上第一次正式由总参谋长指挥作战行动的先河。

1870 年 7 月普法战争爆发后，老毛奇指挥三个军团迎战法军，在色当之战中取得决定性胜利，为实现德意志统一作出重大贡献，受封伯爵并于次年晋升元帅。老毛奇以个人的超凡才能赢得国王的高度信任，将普鲁士总参谋部推向全盛，成为当时欧洲乃至世界所效仿的样板，其组成、编制、任务等已成为基本模式延续至今。如19世纪下半叶至20世纪初，奥匈帝国、法国、俄国、日本、美国和英国等国家先后建立起总参谋部或者类似的机构，并将其作为军事领导指挥的中枢。

希特勒独揽大权埋下总参谋部解散隐患。一战结束后，协约国认为总参谋部是德国军国主义的发源地并依照《凡尔赛和约》解散了总参谋部。此后总参谋部以“统帅部部队局”的形式生存下来。随着和约失效，1935年原部队局局长贝克被任命为陆军总参谋部总参谋长，部队局正式改称“陆军总参谋部”，同时还出现了新的空军总参谋部、国防军指挥参谋部，这些总参谋部围绕着最高指挥权的问题展开了激烈的争执。希特勒出于对陆军的不信任，组建了最高统帅部直接插手军事指挥，极大弱化了总参谋部的作用。在纳粹德国的体制下，总参谋部往日显赫的地位不仅一去不复返，还在纳粹德国向同盟国投降后再次被解散。

当前，智能化战争时代序幕已经拉开，新兴技术的军事应用及赋能极大地提高了军事情报分析和决策的效率，军事指挥和组织形式日益呈现人机混合的发展趋势。[1]具有智能化特征的指挥信

1 黄建明、郝东白、邹振宁:《瞄准智能化创新指挥理念》，中华人民共和国国防部网站，2018年9月27日，http://www.mod.gov.cn/jmsd/2018-09/27/content_4825747.htm。

息系统将成为未来智能化作战指挥的“中枢神经”。[1]美国陆军近年来大力推动人工智能在作战指挥中的实战化运用，提出以机器学习、深度学习技术应用为核心的“算法战”。美国陆军于2016年底还启动了“指挥官虚拟参谋”项目。加快智能化指挥信息系统建设是军事智能化发展的内在要求，抓住智能化指挥系统研发要点，加快打造智能化参谋部，才能赢得未来智能化作战制胜先机。

## 管理创新——没有打开的8000个集装箱

一支装备精良、规模庞大、理论指导先进的军队，如果出现后勤保障缺位、规章制度执行不力、部门职能重叠混乱、资源配置和管理不合理等情况，即使打了胜仗，也很难在战场上以最小的成本、最低的代价赢得战争。

在第一次海湾战争中，美军进行了二战后规模最大的后勤行动，将大量的作战人员和物资运送到了前线，但其粗放式的后勤保障和管理模式造成了战时物资的极大浪费，一度为外界所诟病。据外媒披露，当时美军地面作战部队的单兵战争物资消耗每

1 李建平、纪凤珠、李琳：《浅析智能化指挥信息系统发展》，中华人民共和国国防部网站，2022年8月9日，http://www.mod.gov.cn/jmsd/2022-08/09/content_4917735.htm。

日达 200 千克，战时美军保障部队 1 个月的物资运输量就远远超过了朝鲜战争时期 1 年的物资运输量。为了满足如此大规模且复杂的作战需求，美国在海湾战争中总共从国内向海湾前线输送人员 40 多万、装备和物资 600 多万吨。据称，这相当于把一个西方中等城市短时间内从美国搬到了沙特阿拉伯。然而，由于当时美军在战争中还没有建立起先进的信息感知体系，没有大规模使用自动化技术的经验，也没有无线电射频识别标签，每一个运输货物箱上只是贴一张政府装载单，甚至五六个货物箱共用一个装载单。军方完全不掌握战场物资的完整信息，也无法制订与战争计划相匹配的后勤计划，以至于大量的物资在需求不明的情况下经过远程投送进入后勤通道，但得不到真正有效的跟踪和利用。据统计，美国当时向中东运送了约 4 万个集装箱，由于标识不清，其中 2 万多个集装箱不得不重新打开、登记、封装并再次投入运输系统。战争结束后，美军还有 101 艘弹药船停留在公海上，其在海湾滞留了超过 40 万吨的剩余作战物资，还有 8000 多个没有打开的集装箱未能加以利用，价值 27 亿美元的物资不得不重新运回美国国内。

正因为第一次海湾战争给美军带来了深刻的教训，美军意识到了后勤保障对作战尤其是美军在海外的军事行动非常重要，于是下定决心掀起了一场以高技术为核心的后勤革命。后来，美军在波黑、科索沃、南联盟等地通过联合军事行动、军事部署、军事冲突等加快验证后勤保障革命所需的技术，决心打造“精确后勤保障”，研制出了“资产可视系统”。该系统可将自动识别技术、全球运输网络、联合资源信息库和决策支持系统等综合在一起，从而使得联合部队指挥官可以不间断地掌握全部后勤资源的动态情况，极大地提高了军队的后勤管理与跟踪能力。

2003 年伊拉克战争前，美军根据对战争进程的预测，只储备了一到两周的后勤物资。战时通过对每个运往海湾的集装箱加装 SAVI 科技的射频卫星芯片，美军后勤系统准确地追踪了国防部发往海湾的 4 万个集装箱，并利用数字化技术，向各级指挥官、物资管理部门、武器系统管理部门及相关用户提供全部资产信息，包括其所在位置、数量、类别、状况、特点等，全程实现“人员流”“装备流”和“物资流”跟踪，保证了军用物资的供应、接收、管理的透明度。

后勤保障是军队战斗力的有机组成部分，是凝聚和转化战斗力的重要支撑。未来信息化战争是陆、海、空、天、电等多维空间的一体化联合作战行动，随着参战兵种更多、武器装备种类更多、作战样式更加多样化，各军种跨域协同作战的难度也更加复杂，这对军队的管理方式、管理手段、管理途径、管理效果提出了新的要求。要想在空前广阔的战场上对数百万种、数千万吨物资进行科学的调配与补充，只有不断地改进管理模式，创新管理手段，提升战场资源配置效率，更加注重发挥管理在军队作战、建设中的作用，提高军事管理的专业化、精细化、科学化水平，[1]才能适应新兴技术革命的驱动下，战场朝向数字化、信息化、智能化发展的趋势。

## 机制创新——瞄准对手软肋的“抵消战略”

历史上美军一共提出了三次“抵消战略”，前两次主要是冷战时期针对苏联的，第三次“抵消战略”则着眼应对所谓中俄威胁。所谓“抵消战略”，就是通过军事技术优势抵消对手的兵力数量优势，其更深层次战略目的在于以技术创新为先导，推动新一轮国防体制机制改革。

第一次“抵消战略”。朝鲜战争结束后，美国面临财政危机和苏联威胁，美国政府开始认识到自身军事力量的局限性，也意识到要在全球各地长期维持庞大的地面部队将面临巨大的经济成本。在内忧外患之下，美国总统艾森豪威尔 1953 年对美国内外的军事、经济、技术现状进行分析评估，提出“大规模报复战略”，即第一次“抵消战略”。该战略强调，要充分发挥美国的核

1 《习近平强军思想学习问答》，中华人民共和国国防部网站，2022 年 10 月 8 日，http://www.mod.gov.cn/regulatory/2022-10/08/content_4922694.htm。

武器优势，在战争初期就要利用战略核武器实施“先发制人”的打击，摧毁对方的高价值目标包括主要工业中心和军事基地等。美国第一次“抵消战略”的本质是要以全面核大战应对威胁，要速战速胜，并且要尽量避免被拖入像朝鲜战争一样的局部战争。该战略的底气在于美国在核武器生产技术、氢弹技术以及远程投送技术等领域拥有的技术优势。当时，美国发展了一系列不同水平的核打击能力，大到可以摧毁一个城市的氢弹，小到可以在战场上使用的小型核武器。1949 年 8 月 29 日，苏联爆炸了第一颗原子弹，成功打破了美国的核垄断，但难以撼动美国的核力量优势地位，特别是在运载工具上。出于对自身核武能力的绝对自信，艾森豪威尔提出了“大规模报复战略”思想，主张用核武器确保美国的国家安全。第一次“抵消战略”推动了 1958 年《国防部改组法》的制定，建立了以国防部长为首的作战指挥和行政管理两大系统。美国国防部长不仅掌握了作战指挥权，在财会、科研、后勤等方面也拥有了更多的实权。

第二次“抵消战略”。1977 年卡特总统上台后，苏联拉近了与美国在核武能力上的差距，并在传统军力上对美国形成了相对优势。为了应对苏联带来的新威胁，当时的美国国防部长布朗一上任就邀请硅谷的科技专家佩里出任国防部次长，并要求重新制定新的“抵销战略”。美军第二次“抵销战略”在此背景下诞生，确定以新兴数字科技为基础，以发展隐身战机技术和巡航导弹为目标，加快研发智能型传感器和精准武器，恢复经费并扩大全球定位卫星系统 GPS 的发展。第二次“抵消战略”催生了 1986 年《戈德华特–尼科尔斯国防改组法》。美国通过该法案对军队指挥链进行了改进，由总统通过国防部长直接领导联合作战指挥官，参谋长联席会议主席被指定为美国总统、国家安全委员会和国防部的首席军事顾问，改变了各军种协同的方式。美军在这期间研发了多种先进的武器，并将其应用在 1991 年的海湾战争中，从此开启了人类高科技战争的进程。

第三次“抵消战略”。随着中俄等国军事实力不断提升，美国认为自身的军事优势正在被逐步削弱。为夺取在新一轮大国军事竞争中的绝对优势地位，美国国防部副部长罗伯特·沃克于 2014 年 8 月 5 日宣称，为抢占新的军事制高点，战胜现实和潜在的对手，美国应当实施第三次“抵消战略”。随后，美国前国防部长哈格尔予以正式确认，表示美军要制定第三次“抵消战略”，并于 2014 年 11 月 15 日公布《国防创新倡议备忘录》。以此为标志，第三次“抵消战略”正式出炉。2015 年 12 月，沃克进一步阐述指明，美国第三次“抵销战略”聚焦人工智能、人机协作、辅助人类作战系统、人机作战小组与自动化武器五项能够“改变未来战局”的颠覆性新兴技术。沃克还提出，新的“抵销战略”除了要有先进技术，还需要创新的战法和组织结构才能发挥作用。美军近年来的体制机制创新、技术研发应用等都指向第三次“抵消战略”。

美国三次“抵消战略”一脉相承，本质上都是在美国实力相对下降，大国战略竞争加剧的背景下提出，谋求以技术创新来扩大军事优势尤其是抵消对手优势、阻止战略竞争对手弯道超车的长期竞争战略。前两轮“抵消战略”在帮助美国应对苏联甚至是拖垮苏联方面，都取得了巨大成功，同时也加快推动了美国国防部领导指挥体制和美军战斗力生成模式的升级转型。

## 源头创新——军民融合赋能军事创新

国防科技创新是军事创新的重要组成部分，美国军事科技之所以如此强大与其高度重视技术的源头创新密不可分，尤其是冷战后美国建章立制、多措并举，持续推进军民融合，积极调动、利用民间力量，服务美国国防科技发展，不断为军事创新赋能。

在法律层面，美国将“军民一体化政策”列入《美国法典》，作为一项长期基本政策确定下来，还推出了一系列的法律法规推动军民融合的顺利实施。其中，《国防工业技术转轨、再投资和过渡法》《国防授权法》《联邦采办改革法》和《国防科学技术战略》等明确了军民融合发展的指导意见、技术标准、采购原则，支持和鼓励民用工业公司参与国防市场。《国家安全法》《合同竞争法》

《联邦技术转移法》《拜杜法案》《联邦技术转让商业化法》和《小企业法》等从不同角度为促进军民融合发展提供了法律支撑。

在机制层面，美国依托国家安全委员会、经济顾问委员会、白宫科学与技术政策办公室、国家安全顾问和国家经济委员会等机构，组建起统筹军民融合发展的跨部门协调机制。其中，白宫科学与技术政策办公室根据国家科技委员会和总统科技顾问委员会的咨询建议，对国防军事和民用技术的发展计划进行评估分析，行政管理和预算局负责制订军民统筹的联邦政府科技计划。国家科技委员会在实践中统筹协调，对各部门经费预算提供分配建议，整合协调参加军民融合计划的国防和民用研究资源。

在机构层面，美国国防部设立了国防高级研究计划局（DARPA），专注研发颠覆性技术。国防高级研究计划局由六个技术办公室组成，现有约 220 名政府雇员，包括近 100 名项目经理。国防高级研究计划局建立了包括学术组织、科技公司和政府合作伙伴在内的创新生态系统，全力招募自学术界、工业界和政府机构的、各领域的佼佼者担任项目经理，并予以全方位的支持。如常年与国防高级研究计划局保持联系的国防咨询小组（JASON），这是一个独立且相对秘密的委员会，于 1960 年正式成立，旨在促成国防部（尤其是国防高级研究计划局）对精英科学家的直接资助与合作。国防高级研究计划局孵化的技术对美国经济、军事的发展影响极其深远。比如 1963 年，国防高级研究计划局发射了第一颗卫星，这也是世界上第一个全球卫星导航系统，可为美国海军弹道导弹潜艇部队等军用船只和民用船只提供全天候精确导航。据统计，国防高级研究计划局近 20 年对 GPS 技术进行的投资为美国经济增长贡献了 1 万多亿美元的利润。[1]

除了国防高级研究计划局，美国国防部、情报机构设立了一批类似的创新机构，服务其军民融合战略，保证国防科技的源头创新。如美国国防部 2015 年在硅谷设立了国防创新实验单元（DIUx），2018 年成为常设机构，更名为国防创新单元。国防创新单元下设三个小组，包括军民对接小组、技术转化小组、风险投资小组。2023 年 1 月 25 日，国防创新单元发布报告显示，2022 财年该机构共发布 36 份招标书，较上年增加 38%，收到提案数 1636 个，较上年增加 47%；授出原型合同 81 份，较上年增加 12.5%，总价值达 2.048 亿美元，充分显示其在军民融合领域的潜力。

此外，美国中央情报局下属的高科技风险投资公司 In-Q-Tel，专注于支持能为军队和情报机构研发、交付实用产品的公司。2003 年，In-Q-Tel 投资了一家叫 Keyhole 的地图领域创业公司。该公司研发的卫星图像技术在伊拉克战争中被美军广泛应用。2005 年，In-Q-Tel 投资了大数据分析公司 Palantir，基于该公司的情报分析，

1 吴家睿：《科研活动的第三种形态——高风险导向型技术研究》，《生命科学》2022 年第 34 卷第 6 期。

中央情报局成功找到本·拉登的藏身之所。美国特别行动指挥部设立了 SOFwerx 创新中心，致力于将民用技术应用于美军的特种作战，其前任司令官已加入私募股权投资公司 Lux Capital 任合伙人。美国空军成立了空军创新工场（AFWERX），美国陆军成立了陆军应用实验室和工程研发创新中心，通过合作开发基金、创业挑战赛等项目，推动创新技术在军队的快速部署和应用等。

# 6

## 第六章

# 身边的军事安全

在“国家安全”这一包罗万象的概念集合中，我们对军事安全总是既熟悉又陌生。“熟悉”在于它随处可见。如果将“国家安全”具象化，我们脑海中最先浮现出的画面往往是巍峨御敌的万里长城、坚固猛烈的船舰利炮、奋勇杀敌的军人将士、刀光剑影的对敌行动等。回首红色年代，井冈山、延安和西柏坡等革命旧址依旧在向后辈诉说着中国共产党通过武装斗争建立新中国的光辉历史；放眼当今盛世，国庆阅兵时映入眼帘的精锐武器装备无不令人心潮澎湃、叹为观止；环顾日常生活，军旅元素常见于电影电视剧等文化载体中，为人民讲述一个个鼓舞人心的奋斗故事。但军事安全于我们又有些陌生 。毕竟，尔虞我诈、合纵连横的战国年代早已成为教科书上的记忆，惊心动魄、一触即发的冷战对峙也幻化成了历史的泡影，哪怕是至今仍在全球各地上演的战争和冲突等，也仿佛来自另一个世界，离我们的日常生活过于遥远。

那么，军事安全是否只“看得见”而“摸不着”？其实不然。尽管和平与发展已成为不可阻挡的时代潮流，但在百年未有之大变局加速演进的过程中，国际形势变幻交织，地缘政治格局被深刻重塑；局部地区接连生乱、战火不断，沉疴旧疾未愈，擦枪走火又生；霸权复辟深刻冲击国际秩序，冲突风险被无限推高，“黑天鹅”满天飞、“灰犀牛”遍地跑。军事安全“牵一发而动全身”，无时无刻不在影响着经济周期的运行规律与人民生活的柴米油盐。与此同时，军事间谍案件频频发生，泄密风险不断加剧，重重谍影早已卸下了好莱坞电影中的戏剧化伪装，渗透到了你我身边，防不胜防，但又不可不防。正因如此，对待军事安全“事不关己、高高挂起”“只看热闹、不看门道”甚至“枉顾法律、明知故犯”的心态与做法绝不可取。从积极参与国防建设，到尊崇最可爱的军人；从警惕身边的间谍风险，到防范社交媒体泄密，在守护国家的军事安全上，我们能做的，其实比想象的更多。

## 国安才能家宁

“家是最小国，国是千万家”“有了强的国，才有富的家”，2009 年一首《国家》响遍大江南北和大街小巷，在无数海内外中华儿女的心中引起强烈共鸣。人民群众期盼祖国越来越强大，没有国家富强、民族复兴，就没有百姓的安居乐业，国安是家宁的根本保障。国防建设需要坚强的领导组织核心、所向披靡的战斗部队和高精尖的武器装备，但这还远远不够。习近平总书记深刻指出，“军队打胜仗，人民是靠山。人民军队的根脉，深扎在人民的深厚大地；人民战争的伟力，来源于人民的伟大力量”。“我们的军队是人民军队，我们的国防是全民国防。”国防的主体是国家，同时人民也是国防建设的力量源泉和重要参与者，履行国防义务是我们责无旁贷的光荣使命。

“教育是国之大计、党之大计。”国防教育是教育体系中不可忽视的重要一环，是推进全民国防的坚实基础。世界各国普遍重视国防教育，认为其事关国家存亡和民族兴衰前景。

国防教育根植于俄罗斯的军事传统中。俄罗斯将国防教育称之为“军事—爱国主义教育”，重视从两次卫国战争和其他战争历史中吸取教训，培养民众“居安不忘危”的忧患意识，加深其对军队历史荣誉的了解。俄罗斯在城市街道中建有许多代表历史著名战役或英雄人物的雕像；每年举行“胜利日”大阅兵，展示各式武器装备；学校也会定期组织学生参观航天、军事、历史类博物馆，向他们讲述军人浴血奋战、抵御外敌的抗争史，讲授各式坦克大炮的知识；联邦国防部的红星电视台全天不间断播放军事新闻评论、战争影视剧、脱口秀、纪录片等节目，还制作面向青少年的军事题材动画片。为满足孩子爱玩的天性，俄罗斯还寓教于乐，建设“战斗版迪士尼乐园”，用模拟飞行器、榴弹发射器和坦克装甲车取代传统游乐园的旋转木马和过山车，做到国防教育“从娃娃抓起”。

中东军事强国以色列的建国历程是一部恢弘壮烈的反抗屠杀欺凌的史诗，独特国情使这个仅有900多万人口的小国形成了“全民皆兵，迅速动员”的国防体制。以色列政府规定，凡18岁至70岁的公民，不分性别，都要接受法定的国防教育和军事技能训练，即使行动不便的老人和妇女也需在家中接受国防教育，以色列人民也因此被称为“每年放假11个月的士兵”。每逢独立日、阵亡将士纪念日、犹太人大屠杀纪念日等，以色列都要举行各种纪念活动，民众在“哭墙”、耶路撒冷大屠杀纪念馆等遗址回顾国家遭受的劫难和犹太民族的悲惨命运，以借古鉴今、珍惜和平，并未雨绸缪、积极备战。孩子们从小便经常被带至国境线，“用脚去认识以色列”，了解国家所处的生存环境和面临的危险，培养其强烈的国土安全观念和生存危机意识。14 岁以上的青少年每年需接受国防教育必修课，在假期前往训练营地开展一定期限的军事训练，既要学习犹太复国史、安全环境、战斗传统、集体主义、公民责任等理论课程，又要掌握射击、侦察、野营、急救等实战技巧，还前往部队观摩、同士兵一起过军营生活。

法国是历经两次世界大战的老牌资本主义国家。一战结束后，法国政府一度被绥靖主义与和平主义思想所蒙蔽，民众普遍厌战、醉心安乐，甚至逃避兵役，这致使二战爆发时举国上下欠缺“为民族生存而战”的思想基础，哪怕是再坚固的马其诺防线在敌人面前也不堪一击。时任法国陆军总司令甘末林反省称：“今天所动员的人员在两次战争之间并不曾受到爱国精神教育，所以他们对于决定国家命运的战斗，在精神上是毫无准备的。”此后，法国吸取经验教训，将加强国防教育纳入法律法规，制定出台了《国防法》《特别征兵法》《国防组织法》《民防法》《预备役法》等一系列法律和特别征召法令，确保国防教育政策得到贯彻执行。由此可见，世界各国不论大小，凡经受过战火的洗礼和淬炼，无一不认同国强军盛的重要性，无一不重视加强全民国防教育。

从近代百余年的屈辱苦难中，从战争历史的断壁残垣中，中国对国防安全的重大意义有着刻骨铭心的体会。习近平总书记指出：“当前，世界百年未有之大变局加速演进，世界之变、时代之变、历史之变的特征更加明显。”国际战略格局深刻调整，局部战争和冲突风险上升，部分国家以“丛林法则”看待国际秩序，助推大国博弈日趋白热化。2017 年 12 月，美国特朗普政府发布《国家安全战略》报告，宣告“大国竞争”回归，拜登政府延续其论调，将中国定义为“首要战略竞争对手”，是“唯一既有重塑国际秩序意图，又有日益增长的经济、外交、军事和技术实力实现这一目标的竞争者”。为“塑造中国所处的战略环境”，美国动员“全政府”“全社会”“全领域”之力，联合盟友伙伴，对华采取政治打压、经济脱钩、技术封锁、军事胁迫和意识形态渗透等政策，加剧我国面临的外部风险挑战。中华民族伟大复兴进入关键时期，在实现第二个百年奋斗目标的新征程上，全面推进国防和军队现代化建设意义深远，这对加强国防教育也提出了更高的要求。

“国防教育是国之大事。”党的十八大以来，以习近平同志为核心的党中央作出一系列重要决策部署，把全民国防教育作为建设巩固国防和强大军队的重要内容和基础性工程。党的十九大报告指出:“我们要加强全民国防教育，巩固军政军民团结，为实现中国梦强军梦凝聚强大力量！”党的二十大报告进一步强调要“深化全民国防教育”，这为开展国防教育提出了战略要求，指明了前进方向。近年来，我国颁布实施了《中华人民共和国国防教育法》《关于加强和改进新时代全民国防教育工作的意见》《全民国防教育大纲》等法规文件，为实现全民国防教育筑牢了坚实的法律根基。在中央部署和法律规定下，全社会形成了浓厚的国防教育氛围。一方面，国防教育走进校园。青少年是全民国防教育的重中之重，《中华人民共和国国防教育法》规定“小学和初级中学应当将国防教育的内容纳入有关课程，将课堂教学与课外活动相结合，对学生进行国防教育”，全国各地积极响应。以北京市为例，2023 年 2 月，北京市委全民国防教育工作领导小组印发《北京市关于加强和改进新时代全民国防教育工作的实施方案》，明确将国防教育融入普通高等学校和中等学校考试内容，坚持课堂教育和军事训练相结合，不断提升青少年国防素养和使命意识。另一方面，国防教育融入社会。2001 年 8 月 31 日，第九届全国人大常委会第二十三次会议通过《全国人民代表大会常务委员会关于设立全民国防教育日的决定》。根据《中华人民共和国国防教育法》规定，每年 9 月的第三个星期六为全民国防教育日，这是中国第一个以法律形式明确规定以国防教育为主题的节日。人民群众在党中央和各级党委政府的教育引导下，积极参加国防教育活动，了解党史军史，缅怀先烈故人，厚植爱国主义情怀。

国防不是遥远和“高大上”的事，国防建设也不仅仅是军人和军队的职责，它影响着人民群众的吃穿住行，关系到千家万户的幸福安康。我们应将强国强军放在心头，时刻牢记光荣使命，以史为鉴，怀揣报国梦想，积极参与国防建设，为中华民族伟大复兴的中国梦贡献自己的一份力量！

## 人人都要尊崇军人

“国家大柄，莫重于兵。”自古以来，军事能力便是国家捍卫主权独立与领土完整、维护人民安居乐业的坚实保障，而军人永远冲锋在军事斗争的最前线。面对兵临城下的敌人，人民军队冲锋陷阵、毫不退却，以血肉之躯为国家和人民的“岁月静好”而“负重前行”。军人是“最可爱的人”，尊崇军人是全社会的共同责任。

“强国必须强军，军强才能国安。”国防和军队建设是国家安全的坚强后盾，这是尊崇军人的根本原因之所在。

从中国历朝历代的兴衰更替中我们可以看出，军事能力强大或许不一定能确保朝代政权稳固、屹立百年，但军事力量孱弱必然导致内忧不断、外患频发。在中国古代历史中，宋朝经济文化极其繁荣发达，当时中国的农业生产能力、手工制造业水平、百姓人均收入都位居世界第一，科技水平也领跑世界。“经济基础决定上层建筑”，照理说经济基础如此优越的国家应该不惧外敌、所向披靡，但北宋和南宋却分别被经济文化相对落后的少数民族政权金和元所灭。宋朝“富而不强”的原因在于其极度重文轻武，自宋太祖赵匡胤“杯酒释兵权”以来，宋朝皇帝开启文官治国之路，形成“满朝朱紫贵，尽是读书人”格局，“非进士及第者不得美官”的潜规则将武将拒之高官厚禄之外，将领无法获得精良的武器装备、发号施令的权力和应有的尊重，士兵也全无战斗意志与本领。在边境政权的不断侵扰甚至侵略下，积贫积弱的宋朝被打得毫无还手之力。

“落后就要挨打”，中国近代史亦用剜心之痛证明了重军强军的重要性。清朝末年，腐朽的封建统治者还沉溺在“天朝上国”的迷梦中，拒绝学习国外先进技术和军事成果。鸦片战争爆发后，清军溃不成军。为抵抗英军，道光皇帝下令从全国抽调 10 余万军队投入前线，并在沿海临时组织乡勇团练。然而这些队伍从未打过一次胜仗，反之英军只以 500 人阵亡代价杀伤清军约 2 万人，军力差距之大可谓触目惊心。自此之后，国门洞开，列强如饿狼扑食接踵而来，第二次鸦片战争、中法战争、中日甲午战争和八国联军侵华战争等相继爆发，中国被迫签订大量不平等条约，彻底沦为半殖民地半封建社会。清朝覆灭后，中国进入军阀割据的混战期，列强凌辱、民不聊生，军力依旧落后、不堪一击。

1927 年 8 月 1 日，南昌起义爆发，打响了中国共产党武装反抗国民党反动派的第一枪，标志着我党独立领导革命战争、创建人民军队和武装夺取政权的开始。8 月 7 日，八七会议在汉口召开，中共中央确立了土地革命和武装反抗国民党反动派的总方针，第一次在全党提出要“造成真正革命的工农军队”“真正人民的军队”等任务，毛泽东还在会上提出了“枪杆子里面出政权”的著名论断。自此，中国共产党直接领导人民军队，在22年的武装革命斗争中克服各种艰难险阻，打赢各路魑魅魍魉，夺取了土地革命战争、抗日战争、解放战争的伟大胜利，推翻了令国家蒙辱、人民蒙难、文明蒙尘的“三座大山”，建立了新中国。习近平总书记深刻指出，“军事上的落后一旦形成，对国家安全的影响将是致命的”。今日之中国已成为富且强的大国，然天下虽安，忘战必危，在战略机遇和风险挑战并存、不确定性和难预料因素增多的时期，必须统筹发展和安全、富国和强军，发展一支能捍卫国家主权统一和领土完整，能维护国家海外利益并促进世界和平发展的人民军队，让尊军重军的良好风尚在全社会蔚然成风。“军民鱼水情”，军人与人民群众的血肉联系是尊崇军人的文化基因。

世界大国多敬重军人职业，但其背后的政治文化因素往往各异。以美国为例，崇军尚武根植于美国政治文化的传统与现实中。其一，美国的诞生与扩张建立在长年累月、极其频繁的内征外伐之上，对于这样一个“历史上最好战的国家”，军人无疑是其不可或缺且引以为傲的资产，更是支撑其进一步拓展全球霸权的基础。其二，美国在称强称霸的同时不断遭“反噬”，国外恐怖主义威胁、国内暴力极端主义和极右翼势力团体持续威胁政治稳定和社会治安。“内忧外患”的国际国内环境使美国军人被营造成为民众心中的“守护神”。其三，美国文化素有“英雄主义”情结，在民众看来，军人恰恰是现实中“超人”“美国队长”等超级英雄的化身。在这些因素的影响下，美国对军人的依赖和尊崇也顺理成章了。

与美国等西方军事强国不同，中国作为一个爱好和平的国家，自古至今从未进行过海外征伐，中华民族的血液里也从来没有侵略他人、称王称霸的基因。中国的军民关系不是建立在国家机器的对外扩张之上，也并不依赖外部威胁凝聚国内力量，更与“好莱坞”式的个人英雄主义崇拜相去甚远。如“鱼水情”一般的中国军民关系成型于中国共产党领导的武装斗争中，发展于社会主义革命和建设、改革开放和社会主义现代化建设新时期，并在中国特色社会主义新时代不断发扬壮大。毛泽东同志依据马克思主义基本原理，创立了人民军队建设的思想和人民战争理论，提出了军民一致的根本原则，作出了“兵民是胜利之本”“战争的伟力之最深厚的根源，存在于民众之中”等精辟论断，在抗日根据地亲自倡导和推动了“拥军优属、拥政爱民”的双拥运动。党的十一届三中全会以来，面对由过去长期的战争和革命环境到当时和平建设环境的变化，邓小平同志指出“军民一致，这个原则不能变”，亲自倡导了军民共建社会主义精神文明和创建双拥模范城（县）活动。党的十三届四中全会以来，江泽民同志明确要求把加强军政军民团结作为重大的政治原则紧紧抓住不放，像爱护眼睛一样爱护军政军民团结，巩固和发展“同呼吸、共命运、心连心”的新型军政军民关系。党的十六大以来，胡锦涛同志明确提出要加强国防教育，增强全民国防观念，广泛深入开展双拥共建活动，加强军政军民团结，形成国防建设和经济建设相互促进、协调发展的机制。党的十八大以来，以习近平同志为核心的党中央统筹党和国家工作大局、国防和军队建设全局，引领双拥工作在继承中发展、在创新中前行。党的十九大报告强调“巩固军政军民团结”，党的二十大报告进一步指出“加强军人军属荣誉激励和权益保障，做好退役军人服务保障工作。巩固发展军政军民团结”。2023 年 3 月 8 日，习近平总书记在出席十四届全国人大一次会议解放军和武警部队代表团全体会议时强调：“今年是延安双拥运动 80 周年。要弘扬拥政爱民、拥军优属光荣传统，巩固发展新时代军政军民团结，在全社会营造关心国防、热爱国防、建设国防、保卫国防的浓厚氛围，为巩固提高一体化国家战略体系和能力、为推进强国强军汇聚强大力量。”这一重要指示，为做好新时代双拥工作提供了科学指南、立起了根本遵循。

在党中央的坚强领导下，中国形成了军政军民团结的特有政治优势。一是军爱民，中国军人深植为人民服务的红色血脉情怀，始终同人民站在一起，时刻把人民放在心头，永远做人民子弟兵。从武装革命斗争时期严格恪守“不拿群众一针一线”等

《三大纪律八项注意》，到和平时期永远冲锋在第一线，中国军人牢记为人民扛枪、为人民打仗的神圣职责，坚决保卫人民和平劳动和生活。1998年重大洪涝灾害、2003年非典疫情、2008年汶川地震、2020年新冠疫情、2021年河南特大洪涝灾害、2023年京津冀暴雨……在无数急难险重的时刻，都有他们坚定逆行的无畏身影。二是民拥军，人民的坚定拥护使人民军队所向披靡、战无不胜。抗日战争中，华北抗日根据地军民发挥群众智慧，创造了地道战、麻雀战和破袭战等各种形式的游击战，还自力更生制造炸药、雷管和各种铁雷、地雷，形成群众性的爆破运动，后统称为地雷战，成为消灭日伪军的重要战法之一。解放战争中的淮海战役中，543万人民群众踊跃上阵支援，他们用原始的小推车工具，克服艰难险阻，向前线运送粮食9.6亿斤，大大满足了战争的需要，陈毅同志因此称："淮海战役的胜利，是人民群众用小车推出来的。"和平年代的抗震救灾和重大安保等各种活动中，人民群众志愿与子弟兵并肩作战，诠释"军民鱼水情"的深刻内涵。

就如何尊崇军人，世界各国有不同做法。在美国，一是军旅生涯助力从政。根据美国退伍军人事务部数据，建国以来全部由选举产生的44位总统中，有29位曾在军队服役或具有一定军事经验，其中12位获将军军衔，10位获校官军衔，7位获尉官军衔。耳熟能详的"老兵"总统包括在美西战争中获得"荣誉勋章"的西奥多·罗斯福、一战期间在陆军军官预备役任上校的杜鲁门、二战期间效力于海军预备队并获“杰出飞行十字勋章”的老布什和越南战争期间在国民警卫队当空军飞行员的小布什等。服役经历被认定能锻炼并提升领导力、战术技能、团队合作和抗压能力，因此成为通往白宫的“金字招牌”。二是崇军之情溢于影视。美国凭借其发达的电影行业渲染刻画美国军人的高超作战能力与爱国主义情怀，并将其搬上大荧幕。据美国《洛杉矶时报》和英国《卫报》报道，美国国防部一直与好莱坞保持密切合作，好莱坞从国防部获准使用其军方场所设备借以提升作品真实性，而国防部在一定程度上可以影响影片塑造军人的叙事角度和方式，美国陆军、海军、空军、海军陆战队和海岸警卫队等各军种在洛杉矶都有自己的“娱乐联络办公室”。三是“军人优先”融于生活。政府给军人发放的工资、奖金和补贴名目繁多，除基本工资外还包括年度奖金、职业激励奖金、住房补贴、伙食补贴、海外生活补助，甚至外语能力奖金等。军人可享受免费医保和集体人寿保险等社会福利，也能享受打折机票等优惠。每年 5 月底的阵亡将士纪念日和 11 月 11 日的退伍军人纪念日亦为美国法定节假日。

在被称为“战斗民族”的俄罗斯，军人被视为“排在上帝前面的人”。苏联解体后，面对军人社会地位持续下滑的问题，在 2012 年 3 月举行的俄罗斯国防部委员会扩大会议上，时任国防部长谢尔久科夫称，“彻底改变全社会对军人的态度是重塑武装力量‘新面貌’的基础”，“要使军人成为有威望的职业，提高兵役的吸引力”。为此，俄罗斯推进多项立法改革举措，如修订《国防法》《国防部条例》《军人地位法》，发布新版《军人工资法》，对改善服役条件和提高军人地位等作出明确规定。俄罗斯在几方面着重发力：一是提升军人社会形象。如拍摄大量军事题材纪录片和电视节目，在国防部官网与社交媒体上宣传展现俄军军事行动成果，创立军事服饰品牌，设立5月9日为卫国战争胜利日和2月23日为祖国保卫者日纪念日等。莫斯科克里姆林宫红墙外刻有“你的名字无人知晓，你的功勋永世长存”的文字，以此表达对烈士的尊崇与敬意。二是提高民众参军热情。通过推进综合性现代化军营建设，改善服役条件，减轻士兵负担，并在各兵种院校和科研机构设立“科学连”，以吸引更多高学历人才入伍。三是提高军人社会待遇。如为军人分配公寓或提供住房补贴，增加退休金与抚恤金等。四是提升军队战斗能力。从2008年10月开始推行的“新面貌”军事改革旨在使俄军朝着“精干高效、装备精良、训练有素”的方向发展，全面提升了军队战斗力。

在中国，尊崇军人既是党中央高屋建瓴的精神传达，也是人民群众发自内心的真情流露。党的十九大报告明确提出，要“推进军人荣誉体系建设”，“组建退役军人管理保障机构，维护军人军属合法权益，让军人成为全社会尊崇的职业”。党的二十大报告亦作出“加强军人军属荣誉激励和权益保障，做好退役军人服务保障工作”的决策部署。将提高军人社会地位作为党的主张写进党的全国代表大会报告，体现了党中央、习近平主席厚植国防建设基础的战略考量，饱含党和人民对子弟兵的深切关怀。中国对军人的尊崇突出体现在三个方面：其一，法律法规日趋完善。2020年11月11日，第十三届全国人大常委会第二十三次会议表决通过《中华人民共和国退役军人保障法》，自2021年1月1日起施行。该法坚持统筹协调，注重服务保障与教育管理、物质待遇与精神激励相结合，在完善现行政策基础上创新了制度设计，为开展退役军人保障工作奠定了坚实法律基石，对确保退役军人工作走上法治化轨道具有重要意义。2021年6月10日，第十三届全国人大常委会第二十九次会议表决通过《中华人民共和国军人地位和权益保障法》，自2021年8月1日起施行。该法明确了军人地位和权益保障的方针原则、体制机制等，从法律上对军人地位作出了规定，规范了军人荣誉维护、生活待遇保障和家庭基本权益保障制度，完善了军人抚恤优待制度，并建立了法律责任追究机制。这些法律法规的颁布实施有助于褒扬军人的爱国爱民热忱与无私奉献精神，切切实实为广大官兵排忧解难，引导全社会积极参与国防军队建设，推动形成崇军敬军的良好氛围。其二，机制建设不断健全。2018年4月，中华人民共和国退役军人事务部组建，其在整合原先中华人民共和国民政部、人力资源和社会保障部以及中国共产党中央军事委员会政治工作部、后勤保障部等部门相关职责的基础上，承担了退伍军人的日常管理和对接训练部门等更多职责，实现了退役军人工作奠基启新和稳步发展。组建五年以来，退役军人事务部共计帮助 260 多万名退役军人实现就业。近 3 年来，各地累计投入资金 85.3 亿元，帮扶困难退役军人 3849 万人次。“勋劳宜赏，赏当其功”，获得荣誉是对军人的最大褒奖。从 1933 年 7 月 9 日，中华苏维埃共和国中央革命军事委员会发布《关于制定、颁发红星奖章的命令》开始，中国军队已形成一套独具特色的军人军属功勋荣誉制度。2023 年 1 月 1 日起施行的《军人勋表管理规定》是我军首部全面系统规范军人勋表管理工作的重要法规文件，其为构建科学合理的勋表项目管理机制、健全完善的颁发授予机制、顺畅有序的供应保障机制、权威高效的使用监督机制，规范军队勋表管理工作，提供了制度保障。其三，崇军拥军蔚然成风。“军人优先”体现在社会生活的方方面面。人民群众在购票、乘车等场合自觉为军人让出通道，以表达对子弟兵的敬意。全国各大小城市兴建诸多革命博物馆、英雄广场和烈士纪念碑等设施，记录先烈们的丰功伟绩，寄托着国家和人民对在历次斗争中牺牲的英雄们深深的哀思与缅怀。每逢清明、中国人民抗日战争胜利纪念日、烈士纪念日等重要节假日，民众都会积极参加或自发组织各类纪念活动，尊崇英雄、崇尚英烈的环境氛围浓厚。此外，《亮剑》《士兵突击》《长津湖》和《金刚川》等军旅题材影视作品纷纷上映、备受好评，生动地诠释了爱国主义和英雄主义精神，弘扬了军队主旋律和军营正能量，使人民群众更深刻地感悟到强国强军的伟大意涵。

## 无处不在的军事安全

在看似风平浪静的日常生活中，时刻涌动着危机四伏的暗流。相较于国家间兵刃相见的“明争”，军事“暗斗”实则更为常见：侦察窃密手段层出不穷，间谍特工行动防不胜防，缺乏反间防谍意识的普通民众常在不经意间“助纣为虐”，成为敌对分子的帮凶。我们身边的军事安全风险无时不有、无处不在，突出体现于军事窃密与技术封锁斗争，这在军事装备、军事设施与军事工业安全中尤为典型。本节展示的诸多案例正是长鸣的警钟，其告诫我们：军事安全风险远未随历史的尘埃湮灭，谍战风云也不仅是大荧幕上的剧情，在敌人的张机设阱中，我们要时刻擦亮眼睛，保持清醒。

捍卫大国重器，筑牢军备安全。“工欲善其事，必先利其器。”军事装备是用于军事目的的各类装备的统称，是军队战斗力的物质保障和军队现代化的重要标志。鉴于此，军备窃密与封锁在军事斗争中屡见不鲜，舰船飞机、枪支弹药和卫星通信等装备往往成为敌方的“狩猎对象”。

案例一：被偷拍的中国航母。从 2012 年辽宁舰入列至今，中国海军航母建设已实现了从无到有、从改装到国产的发展跨越，迈入了“三航母时代”。中国航母 10 年来的发展速度世所罕见，成就举世瞩目，引起不少国家觊觎，中国航母设施的建造和运营细节也成为部分国家急于获悉的重要情报。2014 年 4 月，23 岁的中国公民张某在微信上收到陌生人的交友申请，对方自称是境外杂志社的编辑，为刊发军事舰船专栏报道，想“聘请”张某作为网上兼职人员为其提供辽宁舰照片，并愿预支“拍摄经费”。在较高报酬的诱惑下，张某按对方要求购买了专业照相、传输设备，用来定期观察拍摄辽宁舰。2014 年 6 月，张某在对方指使下辞去本来的工作，设法进入某军工企业，7 月还赴北京某航展会收集大量资料。到 2014 年 8 月被抓捕时，张某已向对方提供辽宁舰等目标照片 500 余张和其他敏感照片 200 余张，收取对方经费 4 万余元。2015 年 2 月，张某因“为境外刺探、非法提供国家秘密罪”被判处有期徒刑 6 年，剥夺政治权利 3 年。除辽宁舰，中国首艘国产航母山东舰也经历了泄密危机。2016 年，施工已接近尾声的山东舰高清照片被日本共同社网站刊登出来，照片中的航母外形及诸多构造细节一览无余，甚至能看清航母舰岛武器开口的结构，照片的拍摄者正是该社工作人员。重重安保之下，日方人员却能拍到如此高分辨率的图片，凸显了在摄影摄像和民用无人机等技术的迅猛发展下，军备窃密风险已不可不重视。

维护军事设施，防范内外风险。军事设施是指专门用于军事目的的建筑、场地和设施，是军队履行职能的重要依托，是国防实力和军队战斗力的重要组成部分。重要指挥工程、导弹阵地、舰艇基地等核心要害军事设施直接关系国家战略指挥稳定、战略力量安全和战略威慑有效，也因此吸引了境外情报机关蠢蠢欲动、欲“一探究竟”。

案例二：名不副实的“研究观测”。部分间谍人员常常以“测绘”和“学术调研”等名义接近军事设施并开展窃密行动。日本间谍对中国进行的大量非法侦测活动即是典型案例。2007 年 3 月，日本人佐藤正光、水上和则等携带两部手持 GPS 接收机、1∶25 万、1∶50 万比例尺英文版地形图光盘和笔记本电脑等，以考古研究名义在江西实施测绘窃密活动。江西省国家安全机关联合测绘部门对其进行审查，发现其采集的坐标点位数据中有绝密级、机密级、秘密级军事秘密，严重威胁中国军事设施安全。2010 年 2 月，一日本公民在塔城地区进行非法测绘活动时被发现。在“地形测绘”之外，“气象观测”亦是间谍暗中接近军事设施并窃取机密的掩护手段。2021 年 3 月，中国国家安全机关发现某重要军事基地周边建有一可疑气象观测设备，该设备具有采集精确位置信息和多类型气象数据的功能，所采集数据直接传送至境外某气象观测组织网站。该网站的重要任务之一即为搜集分析全球“气象数据信息”，并为某国军方服务。类似设备已向全国多地售出100余套，部分竟被架设在重要的军事设施周边地区，令人“细思极恐”。

案例三：让位于经济利益的违规建筑。某些国家地区以与中国开展经济合作、经商办企业、旅游观光等为掩护，在我国重要军事设施附近建立情报据点，以近距离观察、窥探军事设施情况。据中国军方披露，在海南某军港附近，出现多栋涉外别墅会所，严重威胁军港安全，最终由国家出面对其进行收购、拆除。在我国北方某军港内，一堵高22米、长800多米的高墙拔地而起。为何“平地起高墙”？原因在于紧邻军港之地竟有一大片欧式别墅，从该别墅三层平台望向军港，港内设施和军事活动尽收眼底、一览无余，为防止有心之人近距离窥探军事机密，该基地只得筑起高墙。在经济利益诱惑之下，部分建设项目已逼近甚至侵入军事安全控制范围。

案例四：深海下的“暗流涌动”。中国既是陆地大国，也是传统海洋大国，在总长3.2万多公里的大陆海岸线和岛屿岸线上建有诸多海港，其不仅是我国从事海洋经济活动、走向世界的门户，亦为诸多海军基础设施所在地，是抵御来犯之敌、守护国土与人民安全的海上防线。对此，敌对势力早已瞄准我国绵长海岸线上的军事防线，意图掀起反华的“惊涛骇浪”。“守护海岸线”正是境外情报组织海上遏华的一枚棋子。该组织披着海洋公益组织的外衣，以“海洋垃圾监测”为名，在中国境内设立“海洋垃圾监测点”并搜集海洋监测数据。其境外背景十分复杂，自2014年以来持续接受了20多家境外机构资助，其中仅2018—2019年就接受了200多万境外资金。在2021年被中国国家安全机关依法处置前，该组织已在我国海岸线附近设立了近百个监测点，基本覆盖自北向南的海岸线，直接威胁我国军事安全。此外，某些国家还通过在海洋里投放间谍装置来实施军事窃密。近年江苏、浙江、广西和海南等多地渔民曾捕捞到此类装置，其型号各异、种类繁多、功能先进，或“带有太阳能板，两边有‘翅膀’，后边有螺旋桨”，或“形似鱼雷，长达一米”。这些窃密装置能完成水下识别、调查、存储、传输等工作，采集地形、洋流、水文、温度、湿度、盐度、污染物等数据资料，亦能直接探测并获取我国海军设施与舰队动向，具有隐秘性高、数据传输能力强等优点，对我国军事安全的危害程度难以估量。

推进国防生产，确保军工安全。军事工业，又称国防工业，指专门生产制造用于军事国防目的的物质资料的企业和生产部门，具有“高、精、尖”且保密性强的技术特点。“兵马未动，粮草先行”，国防生产事关“粮草”稳固，为国防建设与高强度战争提供物质和技术保障。鉴于此，军事工业部门和相应科研机构也成为境外情报机关重点渗透对象。

案例五：一失足成间谍“帮凶”。2015年，四川省国家安全机关开展了代号“扫雷”的专项行动，一举抓获4名涉嫌危害国家安全的人员，这 4 人均从业于同一家国防军工单位，虽互不认识，却“不约而同”地被境外间谍情报机构发展利用。其中，文某被自称境外报社记者的间谍人员接近，为赚取每月 3200 元的“兼职”报酬，向间谍人员提供了所在单位生产军品的型号、每月量产情况、使用的特殊材料等涉密信息。王某是国家公职干部子女，因对现实工资待遇不满，频频向该间谍机构提供大量军品设计定型情况、样品编号、试验时间节点、出现故障情况等信息。吴某在该军工企业已工作 10 年，即将离职之际在简历中标注了“有某国防军工单位的工作经历”，因此吸引了某“猎头公司顾问”并被聘用，工作内容即提供此国防军工单位尚未公开的内部信息，年薪高达 50 万—120 万元。李某则被境外人士联系，该人士以公司做市场调查准备进军航空航天领域为由，要求李某利用工作之便搜集关于航空航天方面的期刊、杂志、论文等资料。李某未如期完成任务，为顾及情面，竟向该境外人士推荐了在航空航天大学读研究生的同学程某，致程某被策反，李某也沦为了境外间谍机关对我进行军事窃密的帮凶。

案例六：被入侵的大学网络系统。作为重要国防人才培养基地，西北工业大学是我国在高超声速、新一代轰炸机、新一代歼击机等前沿军事领域的研发技术重镇，对我国国防安全意义重大。2020 年 4 月，陕西省西安市公安机关接到报警，称西北工业大学的信息系统遭到网络攻击。国家计算机病毒应急处理中心和 360

公司联合组成技术团队，从该大学信息系统和上网终端中提取多款木马样本，全面还原相关攻击事件的总体概貌、技术特征、攻击武器、攻击路径和攻击源头，最终将矛头直指美国国家安全局下属的“特定入侵行动办公室”。调查发现近年该机构对中国网络目标实施了上万次恶意攻击，对我国军事安全贻害甚大。

## 社交媒体成为新战场

媒体与战争自古以来便密切相连，如果说真枪实弹的战争是有形的战场，那么媒体则是无形的“第二战场”。拿破仑曾说，“报馆一间，犹如联军一队”，“一支笔，能抵二千毛瑟枪”。德国哲学家卡尔·克劳斯也曾表示，“印刷媒介要对第一次世界大战负很大责任”。可见媒体的作用已远超日常信息传播，其在战争中的作用不可小觑，成为交战双方开展情报战、舆论战、认知战和心理战的有效工具，其威力丝毫不亚于坚船利炮，能“四两拨千斤”地改变双方力量对比，深刻塑造战争走势。自 21 世纪以来，随着互联网、人工智能和云计算等技术快速发展，社交媒体不断更新迭代，形式功能更为多样，成为现代战争的一个新维度。整体而言，社交媒体的“战争属性”大致分为两类：一是“窃密者”，二是“造势者”。

首先，社交媒体可成为和平时期的“窃密者”。所谓情报并不局限于通过侦察和窃取等手段获取的秘密情报，还包括通过互联网等公开途径获得的开源情报。被誉为美国“第一号间谍”的中央情报局前局长艾伦·杜勒斯就曾表示，“80% 以上的情报是通过公开、正常、光明正大的手段获得的”。鉴于社交媒体使用范围的普遍性、发布内容的多样性和传播的迅速性，其极易成为大量关键公开情报的来源，哪怕在国与国维持较好外交关系的和平时期，一国也可利用社交媒体工具刺探对方政治、经济和安全等领域秘密，以在潜在竞争甚至对抗中为己方谋得筹码。

“保密常抓不懈，泄密就在身边”，这则标语并非危言耸听。大数据时代，对社交媒体的不当使用可能一不小心就会暴露秘密，给别有用心者留下把柄。2018 年，一件由某款健身应用软件引发的泄密事件引起了美国国防部的警惕，也让人们愈发意识到，社交媒体可能被不法分子利用，成为暴露使用者行踪甚至引发战争的罪魁祸首。该事件的主角是一款名为“斯特拉瓦”的健身应用软件，用户可将运动轨迹和时间等实时训练数据上传并与朋友共享，因此该应用也被称为“运动员的社交网络”。2017 年 11 月，“斯特拉瓦”发布了一份全球健身“热力地图”，将 2015 年至 2017 年 9 月全球用户上传的超 3 万亿个运动 GPS 数据点用大面积或零星光点呈现出来，亮度越高意味着该区域用户活动强度越大。在欧美国家一片“灯火辉煌”中，叙利亚、阿富汗、吉布提等欠发达国家（地区）内部竟也有很多远离城市的零星光亮。鉴于这些地区本土用户很少，运动数据基本来自于驻扎当地的美国士兵，因此被点亮的区域精准暴露了美军基地的位置，一些围绕特定建筑物的运动线路则间接暴露了基地规模与建筑物分布，放大某一光点后其内部布局甚至可以一览无余。此外，该软件还能收集非直接冲突区的敏感信息，如地图上一条骑行线路清楚地曝光了号称“51 区”的美军空军基地位置。恐怖分子等不法之徒可轻而易举利用地图数据，精准袭击美军基地，这对美军来说后果简直不堪设想。对此，美国国防部已认识到这一问题的严重性，表示将制定审查军人使用智能手机和可穿戴设备的相关政策。

“斯特拉瓦”事件也许是美军的无心之举，但泄密者无心，窃密者却有意。相对较为“小众”的运动轨迹记录软件尚且存在如此大的泄密隐患，更别说是脸书、推特、微博和微信等大众化社交媒体了。安全情报部门通常以这些社交媒体为切入口，通过两种方式获取有价值的情报：一是搜索分析。情报分析机构会从在社交媒体上发布的海量信息中“大浪淘沙”，筛选并分析出有用的情报。美国《华尔街日报》2022 年 1 月刊文称，通过分析社交媒体帖子、卫星图像和航班数据，美西方可对俄罗斯军队在俄乌边境的集结和公路车队部署情况了如指掌，美国中央情报局前分析师埃德蒙兹对此称“如今监视军事集结情况的能力比 2014 年大大增强”，白宫国家安全委员会发言人更直言俄军动向正“暴露于聚光灯之下”。正因如此，一些国家不惜采取“釜底抽薪”的方式杜绝泄密风险。2020 年 3 月，一名以色列国防军士兵在脸书上无意提及某次作战的时间、地点和人员，以军方怒火中烧，不仅临时取消作战行动还将此士兵送上军事法庭，事后甚至发布命令要求所有以色列军人禁用社交媒体，以防敌对势力借机获取情报。二是建立联系。除针对现有材料被动搜集信息，情报部门还会主动出击，采取“钓鱼”战术，物色关键人物，与之联系并发展为己所用。2020 年 11 月，澳大利亚安全情报局发出警告，称外国情报部门正利用职场社交平台“领英”寻找并招募“可接触到敏感信息”的澳大利亚人。2021 年 5 月，美国《新闻周刊》独家揭露，称美国国防部近 10 年内组建了一支至少 6 万人的“秘密军队”，其中名为“网络战士”的小组发展最为迅速，其负责利用假身份，在社交媒体上寻找“重要目标”并套取情报，甚至煽动社会运动。由此可见，看似再寻常不过的社交网络实则暗藏玄机，细细想来很难不让人脊背发凉。

除情报窃取战，社交媒体还直接走到前台，在现代战争中充当“发声筒”和“迷雾枪”。在网络空间的“短兵相接”中，双方以言论为武器，目标不在于攻下一城一池，而在于进行战争动员，干扰对手判断，牢牢占据道义制高点。春秋时期经典军事著作《孙子兵法》对此早有阐释。《兵势篇》指出“故善战者，求之于势”，意为善于作战的人要追求有利的“形势”；《谋攻篇》则提出“不战而屈人之兵，善之善者也”，即最高明的战争是不费一兵一戈就取得胜利。社交媒体正是这样的“造势者”，在真刀真枪的战场之外塑造双方意志和战力，改变乃至扭转战争走势。

其次，社交媒体被广泛应用于战争动员中。《孙子兵法》的《始计篇》指出：“道者，令民与上同意也，故可以与之死，可以与之生，而不畏危也。”这就是说，实现道义在于使民众与国君同心协力，在战争语境下亦可理解为凝聚国内共识、共御外敌。社交媒体凭借其发布即时和传播广泛的优势，已成为战争动员的极佳工具。

美国军方高度重视社交媒体的作用，国防部前部长罗伯特·盖茨将其称之为“美国的重要战略资产”。在力求做好安全防护的前提下，美军高级将领允许并鼓励士兵将社交媒体作为“提升领导力的新型平台”，通过此平台积极宣传美军作战成效，揭露并批驳对手的攻击性宣传。在伊拉克战争中，美国士兵科比·布泽尔开通社交媒体记录“我的战争”，创造了自互联网诞生以来首次战场自媒体传播事件，引起广泛轰动。此后，美国在直接或间接参与的历次战争中都将社交媒体的传播优势发挥得淋漓尽致。据美国《华盛顿邮报》报道，自俄乌冲突爆发后，白宫召集 30 名颇具影响力的博主参加电话会议，向其介绍美国在该区域的战略目标，并要求其向粉丝群体定期发布信息、宣传美国立场，并抵制“危险的不实信息和俄方宣传”。这场冲突的另一主人公、演员出身的乌克兰总统泽连斯基更深谙“得民心者得天下”之道。作为拥有数百万粉丝的“网红”总统，泽连斯基频繁在推特和照片墙等社交平台上发布信息，目的包括动员战争、鼓舞民众、颁布政策、驳斥谣言，甚至请求国际社会的军事与人道主义援助等。2022 年 2 月 25 日，泽连斯基在冲突爆发次日发布视频，该视频发布后仅 1 个小时就被观看了 300 万次，反响之大可见一斑。

再次，社交媒体还可充当信息干扰“烟雾弹”。通过技术手段伪造的声音、图像或视频在社交媒体发布后，可以假乱真、干扰敌人判断，捏造的战争罪行“证据”亦能将敌人置于舆论道义低地，从而为己方赢得人心和优势。

2012 年 11 月，为打击以加沙为大本营的巴勒斯坦伊斯兰抵抗运动（哈马斯），以色列实施了代号为“防务之柱”的军事行动。在此次历时 8 天的军事行动中，交战双方武装力量激烈对抗，社交媒体之战也打得热火朝天。开战第一天，以军在推特上称哈马斯高级军事领导人贾巴里被炸身亡，并借此以儆效尤，警告哈马斯成员不要轻易露面，这起到极大的威慑作用。2020 年 9 月至 11 月，阿塞拜疆和亚美尼亚两国在有领土争议的纳戈尔诺—卡拉巴赫（纳卡地区）爆发军事冲突，冲突爆发伊始，纳卡地区武装在社交媒体上宣称打掉了阿塞拜疆军方的 4 架直升机、15 架无人机和 10 辆坦克，还发布了“阿塞拜疆直升机坠毁”的图片，被各国媒体广泛转载，极大地动摇了阿方军心。经俄罗斯媒体查证后真相才浮出水面，原来这些照片是 2020 年 2 月在叙利亚坠毁的一架直升机的视频截图，竟被生搬硬套到此次战争中。2006 年 3 月，美国特种部队在“瓦尔哈拉行动”中追缴伊拉克“迈赫迪军”，给“迈赫迪军”造成惨重损失，美军却无一伤亡。然而行动结束后，“迈赫迪军”将现场尸体移动到清真寺，拍照后迅速发布至各大社交媒体平台，并配上文字“美军士兵进入清真寺杀害正在祈祷的平民”，引发舆论一片哗然，美军不得不耗费一个月时间调查取证，以自证清白，在此期间一切作战任务均被停滞。由此可见，社交媒体上发布的信息往往真假难辨，正因如此，其对战争的塑造威力丝毫不亚于枪支炮弹。

最后，社交媒体在认知塑造上有着潜移默化甚至立竿见影的效果。除战争冲突时期，在和平时期国家间的博弈对抗中，社交媒体也被广泛运用，成为舆论操纵、话语博弈甚至政权颠覆的强有力工具。

美国《华盛顿邮报》援引斯坦福大学网络观察室报告指出，据 2020 年 9 月信息披露，美国在脸书和照片墙上创建了上百个账号，借此向委内瑞拉、玻利维亚、墨西哥等国民众传播虚假信息，扶持地区亲美的反政府势力。2021 年 7 月，古巴政府揭露，美国境内反古势力在美国政府的资助下，在社交媒体上蓄意散播“新冠疫情下古巴医疗体系崩溃”的谎言，并煽动对古巴进行军事干预。2022 年 11 月，脸书、照片墙和 WhatsApp 的母公司梅塔称，美国军方人员在超过 7 个网站上创建虚假身份账号，针对中亚和中东地区受众展开“有协调的虚假信息”影响力行动，以在“对美国具有战略重要性的时期”维护其海外利益。2021 年 8 月美军从阿富汗仓皇撤军前夕，此类账号活跃度达到顶峰，发布内容意图美化美国在该地区的形象，并趁机对该地区民众进行意识形态渗透。

尽管梅塔称该行动并未在当地激起水花，但美西方国家使用此招数推进“颜色革命”已屡次得手。从突尼斯爆发的“茉莉花革命”、席卷西亚北非局势动荡到反中乱港的“修例风波”，社交媒体已成为西方国家进行网络动员的大本营。煽动者在此发布信息，打着所谓“民主”“人权”的旗号抨击目标国家，宣扬西方“民主”“人权”价值观，不明事实真相的民众极易被谣言蛊惑利用，从而走上街头，成为外部势力颠覆政权的有力工具。形势一旦失控，爆发地区冲突乃至战争也是有可能的。

# 参 考 文 献


1 [春秋]孙武著，臧宪柱译：《孙子兵法》，北京联合出版公司2015年版。

2 陈凯、陈波、许鹏主编:《中外学校国防教育和学生军事训练工作比较研究》，时事出版社2018年版。

3 边宏广、韩振国编著:《大学生国防教育》，科学出版社2018年版。

4 刘强:《国际军事安全论》，时事出版社2010年版。

# 7

# 第七章

# 百年变局下的军事安全

《墨子》有言："天下兼相爱则治，交相恶则乱。"放眼全球，大国竞争围与突的博弈、经济发展危与机的抉择、俄乌双方攻与守的对抗、气候变暖洁与污的较量叠加交织，步入新的动荡变革期的世界阴霾密布，硝烟四起。20世纪80年代中期，邓小平同志根据国内国际形势的重大变化，提出"和平与发展是当代世界两大问题"的重大论断。近40年时间已过，和平与发展虽然仍是大多数国家的共同追求，但保护主义、单边主义、民粹主义思潮横加肆虐，冷战思维、阵营对抗、强权政治再度回潮，地区争端、安全威胁、风险挑战层出不穷，生动诠释习近平总书记"世界之变、时代之变、历史之变正以前所未有的方式展开"这一论断的精辟性和前瞻性。

大变局意味着大震荡、大分化、大重组。这一过程伴随着持续不断的博弈、较量、冲突，国际社会的重大挑战、重大风险、重大阻力、重大矛盾前所未有。国际形势的复杂深刻变化警示我们：和平来之不易，安全转瞬即逝，战争一触即发。党的二十大报告指出："中国始终坚持维护世界和平、促进共同发展的外交政策宗旨，致力于推动构建人类命运共同体。"中国致力于缓解全球安全赤字、摆脱国际安全困境、维护世界和平稳定。但我们也应看到，部分国家把一己之利凌驾于全人类利益之上，恃强凌弱、巧取豪夺、霸道横行，致使世界面临更为严峻的和平赤字、发展赤字、治理赤字和信任赤字。

美苏冷战结束后，时任美国总统布什和英国首相撒切尔夫人共同提出"和平红利"的概念，全球化进程提速下的世界朝着"地球村"的目标"狂飙"。然而所有人可能都始料未及的是，"逆全球化"最终从暗流涌动发展为洪水猛兽，人类似乎又重新回到了那个地缘政治撕裂的世界，以至于不断有人高呼“后冷战时代已经结束”。我们无奈地看到，全球军费开支屡创新高，军事安全重现集团对抗，核冲突阴影再度笼罩世界。国际军事安全形势呈现出令人担忧的“无升级界限、无降温预期、无管控机制”的“三无”局面，“新冷战”正从少数专家的鼓吹向自我实现的预言迈进。

这是最坏的时代，也是最好的时代。《人类简史：从动物到上帝》的作者尤瓦尔·赫拉利曾说过：“我无法预测未来，因为未来取决于我们当前做出的选择。”党的二十大报告深刻指出：“世界又一次站在历史的十字路口，何去何从取决于各国人民的抉择。”各国既可以选择继续固守冷战对抗的陈旧思维，也可以选择开辟迈向持久和平与普遍安全的康庄大道。很显然，后者才是我们可以期待的和合共生、和合共建、和合共享的人类安全前景。

## 军备竞赛加剧

军备竞赛是和平时期两个或多个敌对国家或潜在敌对国家互为假想敌、针锋相对地增加武器数量、提升武器质量的动态互动过程。虽然这种围绕军事装备的竞争自古有之，但真正将其推至登峰造极地步的则是冷战时期美苏之间的大规模军备竞赛。如今，当时与美国“一时瑜亮”的苏联已经解体，其继任者俄罗斯虽然坐拥这个星球上最庞大的核武库，却依旧为在俄乌战场上的战事不利而焦头烂额。全球军备竞赛在经过冷战结束后一段时间的“沉寂”后卷土重来。

其一，全球军费开支快速增长。冷战期间，美苏是绝对的“舞台主角”，全球军费在美苏的拉动下曾经历近 30 年的缓慢增长势头，而后又因为两伊战争和苏联入侵阿富汗经历近 10 年的快速增长。冷战结束后，全球军费快速下降，“一超多强”的格局使得北约国家不需要以较高的军费来维持军力。从 1992—1996 年，全球军费开支迅速下降。但在“9·11”事件发生后，美国接连发动了阿富汗战争和伊拉克战争，全球军费再次进入快速增长的通道。瑞典斯德哥尔摩国际和平研究所的统计数据显示，2004年全球军费开支自冷战结束以来首次突破1万亿美元大关。美国反恐的这10年，全球军费的增幅超过了以往任何时期。从2011年美国总统奥巴马宣布美军撤出阿富汗，美国实行收缩战略后，全球军费维持了短暂的稳定，2012年和2013年还曾短暂出现负增长。然而，特朗普于2016年当选新一届美国总统后，高举"大国竞争"大旗，不断施压盟友增加军费，带动全球军费开支再次快速增长。根据斯德哥尔摩国际和平研究所的年度报告，即使有新冠疫情肆虐全球的影响，2021年全球军费开支仍然首次突破2万亿美元，达到历史最高水平。其中，美国及其北约盟国合计占全球军费开支的55%，光美国一国的军费支出就超过了前十名中其他国家军费开支的总和。

目前来看，2021年的2万亿美元军费远不是全球军费开支的"天花板"。2022年的俄乌冲突已成为刺激全球军费开支再次"提速"的催化剂。全球军费从1万亿美元增加到2万亿美元用了17年的时间。照目前趋势，从2万亿美元到3万亿美元的时间恐怕将大大缩短。欧洲、亚太地区的多个国家已经明确将在未来一段时间内加大军事投入。

欧洲打响增加军费投入的"发令枪"。长期以来，欧洲国家，尤其是欧盟一直以"重经济、轻军事"的形象示人，其在安全上长期仰仗美国提供的保护伞，与美国强调安全关切相比，欧盟更关注经济利益，对国防支出的优先重视程度通常较低。面对北约提出的成员国军费开支占本国 GDP 2% 的要求，欧洲国家在俄乌冲突前普遍“不情不愿”，而在战事打响后，又纷纷“改弦更张”，争先恐后彰显加大军事投入的“雄心壮志”。

德国在 2022 年以地区安全形势恶化为由，批准 1000 亿欧元的特别国防基金，进一步加快重新建军步伐。德国的决定开启了欧洲国家在增加军费方面由保守转向开放的“潘多拉魔盒”。法国总统马克龙向法军发表 2023 年新年致辞时宣布，作为计划中的《2024—2030 年军事规划法》的一部分，法国武装部队将在未来 7 年内获得 4130 亿欧元的军费预算，比 2019—2025 年的 2950 亿欧元军费多出 1/3。[1] 英国财政大臣杰里米·亨特宣布在 2023—2024 财年将国防预算增加近 14 亿英镑，从而使这项预算从 486 亿英镑增至 500 亿英镑。[2] 除了传统的英法德这欧陆三强外，北约的欧洲成员国也竞相决定增加未来军费开支。2023 年 1 月，波兰宣布将把 2023 年的军费支出提升至 GDP 的 4%。而在 2022 年，波兰国防开支已超过其 GDP 的 2.4%，在北约排名第三。瑞典宣布其军费预算将从 2021 年的 62 亿欧元（占 GDP1.3%）增加到 2025 年的 87 亿欧元，超过 2% 的门槛。

---

1 《马克龙将法国军费增至 4000 亿美元》，俄罗斯卫星通讯社，2023 年 1 月 20 日，https://sputniknews.cn/20230120/1047297062.html。

2 《英国军费预算大幅增长》，参考消息，2023 年 1 月 10 日，http://www.cankaoxiaoxi.com/mil/20230110/2501255.shtml。

在美国的压力下，欧洲国家从2010年以来开始缓慢增加军费。但俄乌冲突大幅加快了各国补足“历史欠账”的速度。麦肯锡咨询公司的一份报告指出，如果没有俄乌冲突，欧洲的军费支出将在2021—2026年增加14%，从2960亿欧元增加到3370亿欧元。而现在，该报告预计，欧洲军费的增长将达到53%—65%，即增长至4530亿—4880亿欧元。毫无疑问，欧洲国家正在进入一个新的历史转折点，这是自冷战以来世界从未见过的情景。

欧洲地区“涨势汹汹”，亚太地区也不遑多让。美国“2023财年国防授权法案”授权的2023财年国防经费达到创纪录的8576亿美元，超出美国总统拜登提出的国防预算申请450亿美元，较前一财年的授权额度增加800亿美元。日本2023财年军费预算将首次突破6万亿日元，GDP占比超1%，并将在5年内将GDP占比提高至2%。印度财政部长尼尔马拉·西塔拉曼在国会宣布2023年预算时表示，印度国防开支将增至730亿美元，增幅为13%。亚洲主要国家军费开支猛增，展现的对抗苗头令人担忧。

军费开支是衡量全球安全形势，特别是军事安全形势的风向标。其既与国家的实力强弱有关，也能反映一国对自身安全状态的定位和对未来形势发展的预期。透过和平时期军费开支的升降，我们能清晰地看到特定区域内谁在“扩军备战”，谁在“养精蓄锐”，谁又在“摇摆不定”。当国际局势稳定，百废待举、百业待兴时，军费往往是最先被缩减的一类开支，从而被用于支援经济建设或者是提升社会福利等。1985 年 6 月 4 日，邓小平在中央军委扩大会议上宣布，中国人民解放军三年内裁减员额 100 万。“一心一意搞经济建设”的国际环境已经具备，国防和军队建设要腾出力量支援国民经济发展，服从国家建设大局。1987 年 4 月 4 日，中国人民解放军副总参谋长徐信在全国人大六届五次会议举行的中外记者招待会上宣布，中国人民解放军顺利完成“百万大裁军”的任务。与之相对，当安全形势恶化之时，军费又会重新走向增长的快车道，甚至挤占其他政府支出。在中美战略博弈加剧、美俄关系持续恶化的背景下，全球军费开支料将持续相当一段时间的上升期，其给全球安全局势带来的消极影响将慢慢展现。

其二，核裁军形势遭遇“逆流”。美国和苏联从 20 世纪 50 年代开始大力发展核武器，视其为取得对对方决定性优势的“撒手锏”。双方你追我赶，拥有的核武器数量在 20 世纪 80 年代达到顶峰，1987 年曾高达 7 万枚，总计爆炸当量达到 120 亿吨 TNT 当量，足以毁灭地球数次。这时的美苏形成恐怖核均势，双方庞大的核武库虽威力巨大，却因“相互确保摧毁”而无一方敢用，还要负担巨大的储存、保养和维修成本。美苏开始以削减核武器为目标的核裁军谈判，最终先后达成了《美苏消除两国中程和中短程导弹条约》（以下简称《中导条约》）和《第一阶段削减战略武器条约》。苏联解体后，俄罗斯与美国 1993 年签署了《第二阶段削减战略武器条约》，进一步巩固了冷战结束后的和平。2010 年，美俄两国又签署《新削减战略武器条约》，将各自的核弹头数量削减到 1550 枚以下，该条约于次年生效。虽然这一数量的核弹头依然足以摧毁地球数次，但距离两国历史上的“巅峰时刻”已经相去甚远。2021 年，美俄两国元首再次签字确认该条约延期到 2026 年。但这份硕果仅存的美俄双边核裁军条约如今却也“名存实亡”。2023 年 2 月 28 日，俄罗斯总统普京签署关于俄罗斯暂停履行《新削减战略武器条约》的法律。根据俄罗斯公布的相关文件，该法律自正式公布之日起生效，何时恢复履行将由俄罗斯总统决定。同年 6 月 1 日，美国国务院发表声明，宣布因俄罗斯“持续违反”《新削减战略武器条约》，美国决定从即日起停止与俄罗斯分享协议约定的数据。虽然美俄双方都尽量避免“毁约”的恶名，选择以“暂停履约”来留下回旋余地，但双方都为对方设置了苛刻条件，要想让该条约全面恢复履行并非易事。《新削减战略武器条约》目前已经被架空，未来命运岌岌可危。美苏之间大规模、螺旋升级式的核军备竞赛无疑是一场时间与金钱的悲剧。美国智库布鲁金斯学会在 1998 年专门统计了美国核武库的实际运作成本。从 1940 年到 1996 年，美国在核武器上花费了 5.48 万亿美元，如果再加上 1996 年以后的 3200 亿核废料后处理费用，总成本超过 5.8 万亿美元，占这期间美国总军费的 29%，联邦总预算的 11%，名列美国联邦政府总支出的第三，分摊到每个美国人头上，每人每年要付出 546 美元。这 5.8 万亿美元的巨额支出换来的仅仅是累计 7 万多个各类核弹和弹头，大部分的花费在于制造和维护各种核武器投送和发射装置，与核武器相关的指挥、控制、通信和情报系统，以及为了保护核武器安全而进行的防空、反导、反潜等投入。

目前来看，美俄核裁军进程虽有进展，但消除冷战期间庞大核武库的历史任务远未完成，国际社会普遍呼吁美俄作为两个拥有最大核武库的国家，继续以可核查、不可逆、具有法律约束力的形式大幅度削减核武库。更令人担忧的是，冷战结束以来核武器作用日渐式微，核武库规模逐渐缩小的趋势开始发生变化，世界正走向重新核武装的新时代，“无核武器世界”再度渐行渐远。瑞典斯德哥尔摩国际和平研究所 2022 年 6 月发布的一份报告显示，在全球紧张局势恶化背景下，全球核武器数量在历经 35 年的下降之后，未来十年将重新增加。

核大国加紧扩核之外，一些无核国家也在趁机“谋核”。韩国总统尹锡悦公开宣称，如果朝鲜加大核威胁，韩国将考虑建造自己的核武器，或者要求美国在朝鲜半岛重新部署核武器。这是自美国 1991 年从韩国撤出所有核武器以来，韩国总统首次正式提到用核武器武装国家。澳大利亚则在美英澳“三边安全伙伴关系”这个冷战结束以来新建的首个准军事联盟下，由美国和英国出手帮助其获得核潜艇。2022 年 10 月发布的美国新版《核态势评估》报告明确将核武器作为推进地缘政治目标的工具，并重提战术性核武器的实战性运用，鼓噪所谓“核武器共享”。

1945 年，爱因斯坦、奥本海默和其他参与“曼哈顿计划”和第一批核武器研发的科学家创立了《原子科学家公报》。1947 年，该机构第一次设立了“世界末日时钟”，将其指针最初设置为距离午夜零点还差 7 分钟位置，而在苏联解体、冷战结束的 1991 年，距离午夜最远的一次是差 17 分钟。2023 年 1 月，《原子科学家公报》将其设置的具有象征意义的“世界末日时钟”指针被调整为距离午夜零点只剩下 90 秒，这是其迄今为止最为悲观的评估。联合国秘书长古特雷斯在《不扩散核武器条约》第十次审议会议开幕式上警告，今天，一个误解和一个错误的判断就可能将人类带向核毁灭的深渊。1962 年爆发的古巴导弹危机是冷战期间美苏最严重的一次直接对抗，将人类推向了毁灭的边缘。而在 60 年后，俄乌冲突以及美国对其盟友核扩散的“默许”使得世界再次面临核对抗的幽灵，国际核安全战略态势已进入持续不稳定阶段，核平衡将迫近脆弱边缘。

其三，新兴技术军备竞赛方兴未艾。习近平总书记指出，“在激烈的国际竞争中，惟创新者进，惟创新者强，惟创新者胜”。放眼寰宇，世界新军事革命风起云涌，世界主要强国的军队纷纷踏上变革转型之路。美军立足“大国战略竞争”需要和“自身军力不足”实际，推进军队改革转型；俄罗斯军队从 2012 年以来开始以武装力量现代化为目标全面进行军事转型；中国从 2015 年开始全面实施改革强军战略。在新一轮科技革命和产业革命推动下，信息化战争向纵深发展，智能化战争初露端倪。大数据、人工智能、自主技术、太空、高超声速、量子信息、生物技术、材料制造等新兴颠覆性技术的发展及其在军事领域的应用日臻成熟、相互渗透，有可能在不久的将来改变现有作战方式，并对战争形态变革带来深远影响。在乌克兰战场上，太空探索技术公司的“星链”系统一战成名，成为乌军“以小博大”“以弱抗强”的重要武器，让人们真正见识到卫星互联网的实战效果。在人工智能等技术的快速发展和支撑下，未来战场将加速向智能化、无人化战场过渡，陆、海、空、天、网等跨域协同作战，将成为未来战争的主要作战样式。军事对抗中弱小一方，完全可以凭借技术优势，利用大量低成本无人作战平台，给强大一方带来难以承受的损失，或通过让强大一方感到交战成本远远超过其收益来有效反制。新兴技术对战争法则的重塑将推动全球军事发展格局发生重大变化。

## 集团对抗凸显

冷战初期，美国、英国、法国、意大利等 12 国于 1949 年在华盛顿签订《北大西洋公约》。该公约规定，缔约国任何一方若遭到武装攻击，应视为对全体缔约国的攻击。这些国家由此形成军事联盟。面对来自北约的压力，以苏联为首的东欧社会主义国家于 1955 年成立华沙条约组织（以下简称“华约”），从而在欧洲形成两大集团对立的局面。美国和苏联自此带领着北约和华约这两个意识形态对立的军事和安全实体展开集团对抗。北约与华约的对立和相互不断升级的威慑，成为全球和平的巨大威胁。冷战期间，北约和华约没有发生军事冲突，也没有发动一场真正战争，但这背后并非是因为孰强孰弱，而是因为庞大的核武库使双方的战争只面临人类生存还是毁灭的问题，这一代价无人可以承担。欧洲虽然维持了近半个世纪的战略均势与稳定，却因两大集团的对抗深陷分裂与危机，如今依然承受着冷战遗产带来的动荡与冲突。

1991 年 2 月 25 日，在布达佩斯召开的华约政治协商委员会非常会议决定从 1991 年 4 月 1 日起，终止在华沙条约范围内所签订的军事协定的效力，废除华沙条约的军事机构。同年 7 月 1 日，华沙条约缔约国在布拉格举行会议，宣布华沙条约组织正式解散。1991 年 12 月 25 日，戈尔巴乔夫发表电视讲话，宣布辞去苏联总统职务，苏联正式解体，世界社会主义阵营土崩瓦解。但是，北约并未因对手苏联的解体而解散。虽然苏联已不复存在，但是俄罗斯却被视为西方的威胁，北约也由此获得“续命”的合法性。近 30 年来，北约如脱缰之马，一路飞奔，针对俄罗斯的东扩战略应运而生，一路向东“攻城略地”，开启了面向中东欧国家及原苏联加盟共和国的扩员进程，先后完成了多轮扩张。

北约的东扩一直在持续，但与此同时，北约的“生存危机”也一刻都没有停止。美国虽然为北约盟友找到了俄罗斯这个新对手，却在相当长的时间内无法复制当年“同仇敌忾”对付苏联的团结一致。欧盟一直想跳出北约，在防务上自立门户，奉行独立的安全防务政策。统一的“欧洲军”一直是欧盟的长期设想，而这恰恰是美国所不能接受的底线。此外，围绕军费开支分摊问题，美国和欧洲国家一直闹得不可开交，美欧之间的裂痕不断向北约投射，北约内部的“离心力”持续上升。

在特朗普执政时期，围绕北约前途命运的争论达到自冷战以来的顶点。2019 年 4 月 4 日，北约迎来“缔约”70 周年纪念日。29 个成员国外长齐聚华盛顿——《北大西洋公约》签署地，给“70 岁”的北约“庆生”。此前的 50 周年和 60 周年纪念日，北约都是大操大办，一律峰会规格，而“七十大寿”却只是低调举行外长会。当年的 11 月，法国总统马克龙抛出著名的北约“脑死亡”论。马克龙在接受英国《经济学人》杂志采访时说，北约正在经历“脑死亡”。一方面，欧洲国家内部缺少战略协调；另一方面，北约国家中，美国和土耳其在很多问题上都有矛盾，这些都是北约的现状。他还警告欧洲，再也不能依靠美国来保护北约盟友，需要重新思考自己的战略定位。马克龙的这番话当时在美欧激起强烈反应，还遭到时任美国国务卿蓬佩奥和北约秘书长斯托尔滕贝格的严厉批评。北约“脑死亡”论是欧洲国家不满的集中爆发，也将北约未来何去何从的议题摆到了聚光灯下。

然而，2022 年 2 月爆发的俄乌冲突成为重要转折点。马克龙在俄乌冲突后再度被问及对北约的看法，他回答称，俄罗斯对乌克兰采取军事行动，给了（北约）“一次电击、一个觉醒”。著名美国战略学者赫尔·布让兹等人更是毫不避讳地将俄乌冲突形容为美国动员盟友的“天赐良机”。北约在时隔 30 年后终于亲手为自己制造了一个真正对手，欧洲抛开与美国在北约战略概念上的分歧，加强了与美国的政策捆绑。自冷战以来北约的“身份危机”因为对俄罗斯的共同认知而暂时消解。北约第一任秘书长黑斯廷斯·伊斯梅曾说过，北约的初衷是“让苏联人出去，让美国人进来，让德国人安分”。而如今，这份“初衷”有了一定程度的回归，变成了“让俄罗斯人出去，让美国人进来，让德国壮大”。

这场俄乌冲突对北约而言究竟是急救式的“强心针”，还是永久性的“续命丹”，是让北约“回光返照”，还是使其“重振雄风”，恐怕都要交给时间来检验。北约的本质属性是美国维护霸权的工具，服务于美国的战略目标，这一点欧洲人十分清楚。俄乌冲突在短时间内会迟滞欧盟追求自主安全机制的步伐，但是，以德国为代表的欧盟主要国家充分认识到，未来必须将欧洲安全机制牢牢掌握在自己的手中。即使暂时因为俄罗斯而不得不加大向美国靠拢的力度，欧洲人还是会长期陷入“美国人靠不住”和“不得不靠美国”的困境之中。

北约在欧洲“起死回生”的同时，还试图将其魔爪伸向亚太地区，北约的“亚太化”进程明显提速。如果说俄乌冲突暂时给了北约解决合法性地位的理由，那么应对中国“挑战”已经被其视为未来“永续生存”的最大借口。1997 年，北约正式决定邀请波兰、匈牙利和捷克三国加入该组织，为 1999 年北约开启冷战后首轮东扩打下基础。而到了 25 年后的 2022 年，北约马德里峰会首次邀请日本、韩国、澳大利亚、新西兰四个国家领导人与会，并在会后发表的《北约 2022 战略概念》中首次提及中国，将中国称作“系统性挑战”。《北约 2022 战略概念》大致每十年推出一个新的版本，对未来十年北约的宗旨与原则、战略环境、核心任务等进行判断、评估与规划，是事关北约军事集团未来十年的战略构想和纲领性文件。北约作为一个欧洲尤其是北大西洋地区的军事联盟组织，将中国作为所谓“共同应对”的“挑战”颇为荒谬，但也从侧面反映出其正在为该组织的“亚太化”做“热身”准备。

对美国而言，北约是其确保全球霸权的最重要战略资源，美国安全战略的调整直接影响和决定着北约的未来动向。2017 年特朗普政府上台后，美国将战略重心转向“大国竞争”，北约在这一过程中将配合美国全球战略的调整不断重新界定其功能。美国在亚太地区实施的所谓“印太战略”缺乏军事支撑，美日印澳“四边机制”又因为种种原因在打造军事联盟上进展不顺。俄乌冲突爆发后，拜登政府看到平衡甚至打通大西洋和太平洋战略的新机遇，以期通过协调北约与“印太”盟友的互动塑造中国周边环境，在亚太地区打造反华遏华联合阵线。

美国在亚太地区保有广泛的双边军事同盟关系，包括美日、美韩、美澳、美泰、美菲等，其主要表现形式是双边外长和防长的“2+2”会晤机制以及军事与情报合作机制。这些以双边为主的机制已经不适应美国着力打造以遏制中国为主的亚太同盟体系的要求，美国也不满足于目前“拼盘式”的亚太地区安全架构。为此，美国推出美英澳“三边安全伙伴关系”，并希望北约向亚太地区扩张，实现北约与日韩等亚太盟友的深度整合，充实“印太”军事联盟。日韩两国在推进北约“亚太化”过程中步伐十分迅速。2022 年 5 月，主管韩国网络安全的国家情报院宣布，韩国正式加入北约合作网络防御卓越中心。在韩国与北约密切互动的背景下，6 月 22 日，韩国宣布在北约总部设立代表处。2023 年 1 月，北约秘书长斯托尔滕贝格连续访问韩国和日本，极力渲染所谓“中国军事威胁”。日本首相岸田文雄称，日本将考虑定期参加北约决策机构——北大西洋理事会会议，将明确参与北约在亚太地区的防卫合作。北约和日本在此时走近是双方“各有所需”。日本是美国为打造“亚太版”北约物色的关键伙伴，是美国在亚太地区的铁杆跟班；而日本也有重走军事大国之路、制衡中国影响的野心，与北约在防务层面有相互借力的需要。

习近平总书记强调，安全应该是普遍的。不能一个国家安全而其他国家不安全，一部分国家安全而另一部分国家不安全，更不能牺牲别国安全谋求自身所谓“绝对安全”。否则，就会像哈萨克斯坦谚语说的那样，“吹灭别人的灯，会烧掉自己的胡子”。美国试图将冷战阴影笼罩在当今全球经济增长重心所在的地区上，在欧洲之外挑起亚太地区的阵营对抗，世界面临着分裂加剧的巨大风险。但与美苏冷战存在根本不同的是，虽然美国一心想在亚太地区复制曾经在欧洲制造的集团对抗、分裂欧洲安全的悲剧，但中国始终站在历史正确的一边，坚持对话不对抗、结伴不结盟，不会轻易让这一阴谋得逞。“过气”的北约想在亚洲生事，但逆历史潮流而动的折腾注定了其没有前途。

## 预防“惊涛骇浪”

纵观世界历史，大国成功崛起并在全球体系中稳固占据主导地位的案例屈指可数，而因种种因素崛起失败者比比皆是。新兴大国发展崛起往往要遭到守成大国的遏制。修昔底德在其《伯罗奔尼撒战争史》中说，“使得战争无可避免的原因是雅典日益壮大的力量，以及这种力量在斯巴达造成的恐惧”。哈佛大学的格雷厄姆·艾利森教授据此研究了历史上新兴大国与守成大国关系的大量案例，得出的结论是，历史上发生过无数次新崛起的大国挑战现存大国的事例，而多数以战争为结局。他将这种现象冠之以“修昔底德陷阱”，并用于定性中美关系。《大国政治的悲剧》的作者约翰·米尔斯海默更是鼓吹中美之间的竞争和对抗，或者说中国与美国走向大国政治的悲剧不可避免；中美之间发生战争的可能性甚至比冷战期间美苏之间发生战争的可能性还要大。不论是“修昔底德陷阱”还是“中美必有一战”，都代表了少数西方国家的一种成见，即中国的崛起会挑战少数西方国家的霸权，全球性冲突因此将不可避免。习近平总书记指出，“我们要坚持以事实为依据，防止三人成虎，也不疑邻盗斧，不能戴着有色眼镜观察对方”，“世界上本无‘修昔底德陷阱’，但大国之间一再发生战略误判，就可能自己给自己造成‘修昔底德陷阱’”。

大国崛起进程不一定以战争为结局，但崛起之路注定不会一帆风顺。习近平总书记在二十大报告中告诫全党：“我们必须增强忧患意识，坚持底线思维，做到居安思危、未雨绸缪，准备经受风高浪急甚至惊涛骇浪的重大考验。”船到中流浪更急、人到半山路更陡。当前，我国正处于中华民族伟大复兴不被迟滞甚至打断的关键时期，我国发展面临着前所未有的复杂环境和风险挑战。习近平总书记反复强调，“各种风险我们都要防控，但重点要防控那些可能迟滞或中断中华民族伟大复兴进程的全局性风险”。2020 年 8 月 24 日，在经济社会领域专家座谈会上，习近平总书记首次提出了“动荡变革期”这一论断。当年 9 月，习近平主席以视频方式出席第七十六届联合国大会一般性辩论并发表重要讲话时，第一次在国际场合提出“世界进入新的动荡变革期”。习近平主席用“动荡变革期”对百年未有之大变局的阶段性特征做了具象化的表述，二者一起成为中国对于当前世界形势的基本判断。

拜登政府的新版《国家安全战略》认为，“未来十年是美国与中国竞争的决定性十年”，美国视中国为“头号安全威胁”，运用内外全部资源对华进行无底线遏制打压。新冠疫情及其造成的经济衰退强化部分国家的内顾倾向，导致民粹主义、民族主义抬头，意识形态领域斗争更趋激烈。正如习近平总书记在省部级主要领导干部学习贯彻党的十九届五中全会精神专题研讨班上的讲话指出，“最近一段时间以来，世界最主要的特点就是一个‘乱’字，而这个趋势看来会延续下去”。在世界百年未有之大变局加速演进下，我国发展进入战略机遇和风险挑战并存、不确定难预料因素增多的时期，各种“黑天鹅”“灰犀牛”事件随时可能发生，我国面临的风险考验越来越复杂。

我国作为一个人口众多和超大市场规模的社会主义国家，在迈向现代化的历史进程中，必然要承受其他国家都不曾遇到的各种压力和严峻挑战。“行百里者半九十”，中华民族伟大复兴已经进入了不可逆转的历史进程，但绝不是轻轻松松、敲锣打鼓就能实现的。我们要正确认识和防范化解重大风险，努力防止变局由“乱局”走向“危局”，增强发展的安全性稳定性，在各种可以预见和难以预见的狂风暴雨、惊涛骇浪中增强我国的生存力、竞争力、发展力、持续力，确保中华民族伟大复兴进程不被迟滞甚至中断，胜利实现全面建成社会主义现代化强国目标。

“战争与和平”几乎就是对人类历史最精炼的概括。回顾百余年来的世界历史，人类先后经历一战、经济大萧条、二战、美苏冷战、全球金融危机、新冠疫情大流行等危急关头，也有过组建反法西斯同盟、推动经济全球化、打击恐怖主义、共同应对气候变化等团结时刻。在战争与和平、动乱与治理、倒退与进步、对抗与合作、封闭与开放的反复较量中，人类社会前进的脚步从未停止。历史和现实一再表明，团结就是力量，分裂没有出路。构建人类命运共同体无疑是一个长期、艰巨和曲折的进程，各国唯有让团结代替分裂、合作代替对抗、包容代替排他，才能共渡难关，共创未来。

# 参考文献

1 [美] 约翰·米尔斯海默著，王义桅、唐小松译:《大国政治的悲剧》，上海人民出版社 2008 年版。

2 [以色列] 尤瓦尔·赫拉利著，林俊宏译:《人类简史：从动物到上帝》，中信出版社 2017 年版。

3 [古希腊] 修昔底德著，徐松岩译：《伯罗奔尼撒战争史》，上海人民出版社 2012 年版。

8

# 第八章

# 强军方能强国

党的十八大以来，以习近平同志为核心的党中央，把握强国强军时代要求，与时俱进创新党的军事指导理论，形成习近平强军思想。2017 年 10 月，党的十九大确立习近平强军思想在国防和军队建设中的指导地位，并郑重写入党章，实现了党的军事指导理论的与时俱进。

习近平强军思想是习近平新时代中国特色社会主义思想的重要组成部分，是党的军事指导理论最新成果，是坚持走中国特色强军之路、全面推进国防和军队现代化的行动纲领。这一思想是在中国特色社会主义进入新时代、世情国情军情发生深刻变化的历史条件下形成发展的，是从新时代强军事业全部实践中产生的理论结晶。在波澜壮阔的强军实践中，习近平强军思想彰显出巨大威力。这一思想指明了新时代人民军队的前进方向，对于建设巩固国防和强大人民军队具有重大政治意义、理论意义、实践意义。

## 坚持党指挥枪

2021年7月1日，习近平总书记在庆祝中国共产党成立100周年大会上鲜明指出，“坚持党指挥枪、建设自己的人民军队，是党在血与火的斗争中得出的颠扑不破的真理”。90多年来，我军之所以能够战胜各种艰难困苦、不断从胜利走向胜利，最根本的就是坚定不移听党话、跟党走。党对人民军队的绝对领导是中国特色社会主义的本质特征，是党和国家的重要政治优势，是人民军队的建军之本、强军之魂。

坚持党指挥枪，根植于中国革命实践。军事制度是国家、政治集团或军事集团为组织、指挥、管理、维持、储备和发展军事力量所制定的制度，首要解决的是军队归谁领导、听谁指挥的问题。我军是党缔造的，一诞生便与党紧紧地联系在一起，始终在党的绝对领导下行动和战斗。我们党在领导中国革命、建设、改革的实践中，把马克思主义国家学说同建党建军原则与中国具体实际相结合，深刻总结党长期以来建军治军的经验教训，创造性提出并坚持党对人民军队的绝对领导。毛泽东同志曾精辟地总结道：“我们的原则是党指挥枪，而决不容许枪指挥党。”新中国成立后，我们党在全国执政，我军成为国家武装力量，党指挥枪的建军原则上升为国家意志，实现了党的军队、人民的军队、社会主义国家的军队的有机统一和高度一致。党的十九大明确，坚持党对人民军队的绝对领导，是新时代坚持和发展中国特色社会主义的基本方略之一。

坚持党指挥枪，是人民军队的力量源泉。建设强大人民军队，首要的是毫不动摇坚持党对人民军队绝对领导的根本原则和制度，坚持人民军队最高领导权和指挥权属于党中央和中央军委，全面深入贯彻军委主席负责制。习近平总书记强调，“党对军队的绝对领导，是我军的军魂和命根子，永远不能变，永远不能丢”，“党的领导，是人民军队始终保持强大凝聚力、向心力、创造力、战斗力的根本保证”。我军只有在党的绝对领导下，才能永葆人民军队的性质，始终坚持以党的宗旨为宗旨，做人民利益的忠实捍卫者，做社会主义国家的忠实捍卫者。2020 年初，新冠疫情暴发后，习近平总书记一声令下，全军闻令而动、勇挑重担、敢打硬仗，4000 多名医护人员分 3 批驰援武汉，为打赢疫情防控人民战争、总体战、阻击战作出突出贡献。党的十八大以来，我军取得的历史性成就、发生的历史性变革充分证明，无论遇到多么大的风险挑战、什么样的危局险局，只有坚持党对人民军队的绝对领导，全军就能步调一致取得胜利。

坚持党指挥枪，是我国国家制度和国家治理体系的显著优势。

制度优势是一个国家的最大优势。党对人民军队绝对领导的基本军事制度，是与人民民主专政的国体、人民代表大会制度的政体相符合、相适应并为之服务的，是中国革命、建设、改革长期实践反复证明了的科学制度。毫不动摇坚持这一制度，对于保证我们党长期执政、国家长治久安、中国特色社会主义事业兴旺发达具有不可替代的重要作用。中国特色社会主义制度和国家治理体系具有多方面的显著优势，其中重要一条是坚持党指挥枪，确保人民军队绝对忠诚于党和人民，有力保障国家主权、安全、发展利益。古今中外，由于军事制度不完备、没有解决好军队领导权问题，国家分裂者有之，外敌入侵者有之，民不聊生者有之。20世纪初期，我国长期陷入军阀混战，各路军阀凭借手中的武力相互争权夺利，人民生活在水深火热之中。我们党创造性地提出并实行党对军队绝对领导的根本原则和制度，彻底改变了中国历史上军权私有的军事制度，使军权真正回到人民自己手中，我军成为革命的依托、民族的希望。进入新时代，我们党深刻把握我国发展要求和时代潮流，坚持和完善中国特色社会主义制度、推进国家治理体系和治理能力现代化，这就内在要求党对人民军队的绝对领导制度随着中国特色社会主义制度的发展而发展，使之始终成为中国特色社会主义航船在国际风云变幻中行稳致远的“压舱石”。

## 强国必须强军

我们党诞生于国家内忧外患、民族危难之时，对国家安全的重要性有着刻骨铭心的认识。近代中国屡屡被外敌阻滞，孱弱的军事力量总是最先倒下的那块“多米诺骨牌”。所以习近平总书记说：“军事上的落后一旦形成，对国家安全的影响将是致命的。我经常看中国近代的一些史料，一看到落后挨打的悲惨场景就痛彻肺腑！”当前，中华民族正处在伟大复兴的关键时期，我国发展和安全面临的风险挑战与日俱增，必须高度警惕国家被侵略、被颠覆、被分裂的危险，高度警惕改革发展稳定大局被破坏的危险，高度警惕中国特色社会主义发展进程被打断的危险，重点防控那些可能的全局性风险。

没有强大的军事力量做支撑，和平发展只能是一厢情愿。国防和军队建设是国家安全的坚强后盾。强大的军队为维护国家安全提供力量支撑和根本保障，军队的羸弱对国家安全的影响是致命的，不仅难以化解危害国家安全的各种威胁，也难以抵御外来侵略、制止武装颠覆和分裂。历史经验表明，雄厚的经济实力是一个国家强大的基础，但倘若没有相应的国防实力和军事能力做后盾，经济实力再强大，也难以避免陷入被动挨打的境地。我国北宋时期经济社会高度发展，但由于“刀枪入库，马放南山”，终致王朝覆亡。鸦片战争前，中国经济总量占世界的1/3，但军事落后，数十万军队竟被数千英军击败，国家很快陷入半封建半殖民地的深渊。维护国家安全，军事力量是保底手段，是硬核支撑。习近平总书记指出，“在全面建设社会主义现代化国家、实现第二个百年奋斗目标的历史进程中，必须把国防和军队建设摆在更加重要的位置，加快建设巩固国防和强大军队”。

没有强大的军事力量做支撑，中华民族伟大复兴进程就有被迟滞或中断的风险。纵观国际关系演变史，新兴大国的出现，必然带来国际格局的调整，从而引发国际权力和利益再分配的激烈斗争。根据国际货币基金组织数据测算，未来五年中美经济实力发展趋势主要有两个特点：中美整体经济实力迅速拉近，“弯道超车”态势愈发明朗。从 GDP 规模来看，中美差距在未来五年内将迅速收窄。2020 年中国 GDP 约占美国的 73.1%，2025 年将达到 89.6%，接近 90% 大关。美国智库报告认为，中国或在 2025 年达到世界银行高收入经济体标准，2030 年后经济总量超过美国，成为世界第一大经济体。同时全球实力比重向中美聚集。2020 年，中美两国基于购买力平价计算的 GDP 占全球比重分别为 18.56% 和 15.98%。到 2025 年，中国占比将升至 20.57%，超过全球总量的 1/5，美国则降至 14.78%。中美占比“一升一降”，中国优势逐步扩大。“木秀于林，风必摧之”，新兴大国发展崛起往往要遭到守成大国的遏制。我们越是发展壮大，遇到的阻力和压力就会越大，面临的外部风险就会越多，这就是国际力量此消彼长的逻辑。历史和现实都告诉我们，中华民族伟大复兴绝不是轻轻松松、敲锣打鼓就能实现的。我国正处于一个船到中流浪更急、人到半山路更陡的时候，处于一个愈进愈难、愈进愈险而又不进则退、非进不可的时候，维护国家政治安全和社会稳定的任务更加艰巨，意识形态领域斗争尖锐激烈，反分裂斗争形势严峻复杂，周边领土主权和海洋权益争端更加凸显，家门口生乱生战的可能性增大。在这种情势之下，以实现强军目标有效应对大国崛起的阻遏效应，化解各种复杂矛盾和严峻挑战，积极塑造总体有利的国家安全战略态势，是实现强国梦的必然选择。

没有强大的军事力量做支撑，就难以为我国海外利益拓展提供有效战略支撑。作为世界第二大经济体，中国的国家利益已遍布全球，在捍卫国家主权和领土完整的同时，如何保护中国的全球利益，已成为中国军队战略转型的主要方向。当前，中国军队保家卫国的方式和空间扩大了，中国的国际发展环境正在出现越来越多的变数，转型中的中国军队势必在对外战略中发挥更加重要的作用。习近平总书记着眼中国承担大国责任和构建人类命运共同体，以强军来促进实现责任担当和作用发挥。中国大国地位来之不易，在全球化不断推进的今天，中国与其他发展中国家不只是利益共同体，也是安全共同体和责任共同体。因此，在维护自身海外利益的同时不断增进发展中国家及全人类共同福祉，在积极参与全球事务的进程中更好地增进自身的话语权和影响力，是中国思考大国责任的重要维度。习近平主席在外交场合提出一系列中国主张：从“迈向亚洲命运共同体”，到“弘扬万隆精神”，从拒绝“零和博弈”“强权独霸”，到全球发展倡议、全球安全倡议和全球文明倡议，都体现着中国作为世界大国，决心在地区及国际社会发展中承担起责任与义务。这也是习近平主席在联合国大会发言中所提出的，中国建立一支8000人的常备维和部队的初衷和理念。近年来，中国军队全方位配合国家的全球战略，逐步走上国际舞台，既展示出大国的实力和自信，也成为维护世界和平与稳定的重要力量。

## 能战方能止战

兵法有云：“是故百战百胜，非善之善者也；不战而屈人之兵，善之善者也。”习近平总书记指出，“能战方能止战，准备打才可能不必打，越不能打越可能挨打，这就是战争与和平的辩证法”。这科学揭示了战争与和平相互联系、相互转化的矛盾特征，为我们认识新的时代条件下战争问题提供了方法论指导，是对马克思主义战争观的丰富和发展。能战就是具备控制危机、威慑对手、打赢战争的实际能力，止战就是遏制战争、消除战争、实现和平。

没有止战的追求，能战就会演化为穷兵黩武和对外侵略。历史上，中华民族对战争带来的苦难有着刻骨铭心的记忆，对和平有着孜孜不倦的追求，十分珍惜和平安定的生活。消除战争，实现和平，是近代以后中国人民最迫切、最深厚的愿望。习近平总书记在南京大屠杀死难者国家公祭仪式上指出，“和平像阳光一样温暖、像雨露一样滋润。有了阳光雨露，万物才能茁壮成长。有了和平稳定，人类才能更好实现自己的梦想”。走和平发展道路，是我们党根据时代发展潮流和我国根本利益作出的战略抉择。在长期实践中，我们提出和坚持了和平共处五项原则，确立和奉行了独立自主的和平外交政策，向世界作出了永远不称霸、永远不搞扩张的庄严承诺，强调中国始终是维护世界和平的坚定力量。习近平总书记还指出，“弱肉强食不是人类共存之道，穷兵黩武不是人类和平之计。和平而不是战争，合作而不是对抗，才是人类社会进步的永恒主题”。我们渴望和平，但任何时候任何情况下，都决不会因此而放弃我们的正当权益，决不会拿国家的核心利益做交易。如果有人要把战争强加到我们头上，我们必须能决战决胜。对待侵略者，就得用他们听得懂的语言同他们对话，这就是以战止战、以武止戈，用胜利赢得和平、赢得尊重。

没有能战的实力，止战就只能是一厢情愿。安享和平是人民之福，保卫和平是人民军队之责。如果军队在战场上打不赢，是要产生严重政治后果的。过去讲养兵千日、用兵一时，现在要讲养兵千日、用兵千日。随着国际力量对比消长变化，维护和平的力量在上升，制约战争的因素在增多，在可以预见的未来，世界大战打不起来，总体和平态势可望保持。但也要看到，在实力政治、丛林法则依然大行其道的世界上，铸剑为犁仍然只是人们的一个美好愿望。事实证明，战的准备越充分，战的能力越过硬，在战略上就越主动。军事威慑是实战能力的折射，具有遏制战争、维护和平的强大功能。而在强敌蔑视甚至欺凌到自己头上时，以实战予以痛击，建立起长久性的威慑力则不失为明智之举。军队在遏制战争威胁、营造我国安全有利战略态势、维护全球战略平衡与稳定方面起到了不可替代的重大作用。因此，要充分发挥军事力量在塑造态势、管控危机、遏制战争、打赢战争方面的战略功能，把备战与止战、威慑与实战、战争行动与和平时期军事力量运用作为一个整体加以运筹，为国家和平发展营造有利战略态势。在习近平强军思想指引下，2015 年 5 月 26 日中国政府发表的《中国的军事战略》白皮书明确指出，整体运筹备战与止战、维权与维稳、威慑与实战、战争行动与和平时期军事力量运用，注重深远经略，塑造有利态势，综合管控危机，坚决遏制和打赢战争。这些重要论述和部署，指明了中国新时代的军事战略指导，为全面提高军队威慑和实战能力提供了根本遵循。

## 能打仗打胜仗

军队首先是一个战斗队，虽然我军在不同时期担负的具体任务不同，但作为战斗队的根本职能始终没有改变。我军既要政治过硬，也要本领高强，这个本领就是指能打仗、打胜仗。

能打仗、打胜仗靠的是向备战打仗使劲。忘战必危，怠战必败。长期和平环境中，官兵容易得“和平病”。延安时期，黄炎培先生在与毛泽东同志的一次谈话中说，大凡初聚时聚精会神，没有一事不用心，没有一人不卖力，也许那时艰难困苦，只有从万死中觅取一生。继而渐渐好转了，精神也就渐渐放下了。一个国家、一个政党是这样，一支军队也是如此。一支军队的衰败往往是从滋生“和平积弊”开始的。回顾历史，有不少军队在和平环境下耽于安乐、麻痹涣散，结果被和平打败，被自己打败。古罗马军团曾称雄一时、横扫天下，但后来任由大批商贩和娱乐场在军营周边聚集，罗马军人开始享受生活，当战争再次来临时很快溃不成军。军不思战，国之大难。一支军队如果滋生了“和平积弊”，带来的必然是斗志的消磨、士气的消解、战斗力的消蚀，最终招致战场上的失败，甚至导致国家和民族的衰亡。习近平总书记反复强调，“要切实从思想上警醒起来，旗帜鲜明向‘和平积弊’开刀，切实把战斗队思想立起来，把战斗力标准落下去”。“要把全部心思和精力放在备战打仗上，保持高度戒备状态。”党的十九大后，习近平总书记进一步指出，我军练兵备战工作紧不起来、实不起来，思想根子是不少官兵得了“和平病”，以不打仗的心态做打仗的准备。这些重要指示，指明军中百弊之源，直击练兵备战的大敌大害，深刻揭示了加强新时代备战打仗的重要性紧迫性，指明了全军的主责主业和重心在战的鲜明导向，为全军官兵强化忧患意识、危机意识、打仗意识，深入纠治“和平积弊”，尽快把备战打仗能力搞上去提供了根本思想引领。

能打仗、打胜仗靠的是向战斗力标准看齐。习近平总书记反复强调，要牢固树立战斗力这个唯一的根本的标准，坚决把全军工作重心归正到备战打仗上。我军一路走来，以无往不胜的英雄气概，打败了国内外异常凶恶的敌人，打出了国威军威，为党和人民建立了伟大的历史功勋。近年来，面对严峻复杂的国家安全形势，全军部队坚持底线思维，全面加强练兵备战工作，坚定灵活开展军事斗争，有效应对外部军事挑衅，开展钓鱼岛维权斗争、有效监管东海防空识别区、组织南海常态化战斗巡航、进行边境维权斗争、震慑“台独”分裂行径等，有力维护了国家主权、安全、发展利益，维护了国家战略全局稳定。现在，虽然我军使命任务有了新的拓展，部队遂行多样化任务日益常态化，执行非战争军事行动不断增多，但核心问题仍是打仗。战士就是战士，战斗队就是战斗队，战斗力就是战斗力。强调牢固树立战斗力这个唯一的根本的标准，揭示了军队使命职责所在、军队存在的根本价值所在，有利于强化备战打仗的鲜明导向，推动全军把全部心思向打仗聚焦、各项工作向打仗用劲。

能打仗、打胜仗靠的是向实战实训转型。打赢能力是维护国家安全的战略能力。习近平总书记对提高能打仗、打胜仗能力念兹在兹，对练兵备战看得最重、叩问最严。一个时代有一个时代的战法，时代变了，战法就要变。仗都不这样打了，兵还按老样子练，就会成为苏联话剧《前线》中那个故步自封的戈尔洛夫，嘴上说的是明天的战争，实际准备的是昨天的战争。当前，我国安全环境、军事斗争态势、我军使命任务、现代战争形态、我军组织形态、国防和军队现代化目标任务都发生新变化，我军训练环境和条件不断完善，军事训练进入了全方位变革、整体性提升的新阶段，要求加快实现军事训练转型升级，深化实战实训、联战联训、科技强训、依法治训。习近平总书记强调，“坚持仗怎么打兵就怎么练，打仗需要什么就苦练什么”。这一重要论述深刻揭示了作战需求牵引备战打仗的制胜规律。校场多流汗，战场多胜算。实战必先实训，仗怎么打兵就怎么练。坚持战训一致，是战争制胜的本质要求，是军事训练应当遵循的永恒法则。只有坚持从实战需要出发从难从严训练，做到以战领训、以训促战，实现作战与训练一体化，才能提高训练水平、增强打赢本领。

能打仗、打胜仗靠的是英勇顽强的战斗精神。打仗从来都是狭路相逢勇者胜。气为兵神，勇为兵本。战斗精神是军人信念、情感、意志、作风的集中体现，是军队战斗力的重要因素，是军事实践中激发人的主观能动性、发挥人的决定性作用的关键。在战争史上，靠着战斗精神战胜强大敌人的战例不胜枚举。英勇顽强、不怕牺牲的战斗精神历来是我军克敌制胜的重要法宝。抗日战争期间，新四军某部四连在刘老庄与 1000 多名日伪军展开激战，连续打退敌人 5 次进攻，歼敌 170 多人，最终弹尽粮绝，全连 82 位勇士全部壮烈牺牲。毛泽东同志指出，这个军队具有一往无前的精神，它要压倒一切敌人，而决不被敌人所屈服。不论在任何艰难困苦的场合，只要还有一个人，这个人就要继续战斗下去。现代战争赋予战斗精神新的内涵要求。与传统战争相比，现代战争短兵相接、刺刀见红的场面越来越少，但毁伤性、残酷性空前增大，对军人的意志品质和心理耐受度考验更甚。历史和现实证明，战争不仅是物质的较量，更是精神的比拼。军队要能打仗、打胜仗，固然要靠战略战术，要靠体制机制，要靠武器装备，要靠综合国力，但没有战斗精神，光有好的作战条件，也是不能打胜仗的。战斗精神是我军的强大优势，无论什么时候、什么情况下都千万不能丢。习近平总书记指出：“我军历来是打精气神的，过去钢少气多，现在钢多了，气要更多，骨头要更硬。”无论时代条件如何发展，战争形态如何演变，我们都要大力培育“一不怕苦、二不怕死”的战斗精神，做到“钢多气盈骨更硬”，锻造攻无不克、战无不胜的钢铁雄师。

## 军民融合发展

党的十八大以来，我国一直将国防和军队建设作为优先要务，并在2015年首次将军民融合发展上升至国家战略层面。2017年6月20日，习近平总书记在中央军民融合发展委员会第一次全体会议上强调，“海洋、太空、网络空间、生物、新能源等领域军民共用性强，要在筹划设计、组织实施、成果使用全过程贯彻军民融合理念和要求，抓紧解决好突出问题，加快形成多维一体、协同推进、跨越发展的新兴领域军民融合发展格局”。

当前，传统科技领域的技术不断进步，新兴科技领域的技术成果加速扩展，这些既改变着人类的生产生活方式，也深刻影响着世界军事的发展与走向。尤其是如今的“国家安全”已经超越了传统的领海、领土、领空安全范畴，扩展到全球经济利益安全，并向深远海、太空、网络、生物、新能源等渗透，使其成为世界各国军事科技力量争相抢占的领域。这些新兴领域的一大特征就是军事和经济高度的共通性、适用性，具备极大的军民共用、共享空间，不仅是战略性新兴产业的增长极，也构成未来战斗力生成的重要领域。

近年来，“蛟龙”号载人深潜器、天宫二号空间实验室、“天河二号”超级计算机、国产C919大型客机等一大批高端科技成果，为我国深海探测、深空探索、网络安全等提供了抢抓军事发展机遇的强大支撑。这些技术从“军”走向“民”，又为社会经济发展和科学探索进一步提供了支持。类似的军民深度融合，不仅为“科技兴军”贡献了丰富的智力资源、技术支撑，更为前沿科技军转民、军技民用、军民协调创新提供了广阔的空间。

与基础设施建设、国防科技工业、武器装备采购等“常规”军民融合相比，新兴领域军民融合蕴含着更大的发展潜力。若能将这些领域的技术转化为维护国家安全和发展利益的战略能力，一定能够赢得未来战争的主动权。以气象科学为例，军事气象一直是在军民融合中发展，又同时为军、为民服务。中国是气象灾害比较严重的国家，极端天气及气候灾害威胁人民的生产生活，也威胁军事活动和军事装备，是军民共同面对的挑战。因此，气象环境的预测预报需要军民共同努力，不仅要考虑为我方军事行动提供环境保障服务，还要考虑如何避免敌人利用改变气象条件来威胁我方军事行动。在当前国际形势下，大气、海洋和空间科学及其环境保障业务必须在军民深度融合中进一步发展，为国家战略安全提供最佳环境条件保障。

更加注重军民融合，是新时代强军目标的重要体现，而构建新兴领域军民融合发展格局，则是夺取未来战争主动权的重要手段之一，是加快建设军民融合创新体系、推动军民融合由初步融合向深度融合的现实需要。面对新兴科技领域和新兴国家安全领域，军民融合不仅能极大地提高科技服务经济的能力，也能有力支撑起国防安全的强大屏障，实现富国与强军的真正统一。

# 参 考 文 献


1 中共中央宣传部、中央军委政治工作部编:《习近平强军思想学习问答》，解放军出版社 2022 年版。

2 刘光明:《新时代人民军队的强军胜战之道》，光明网,2022 年 7 月 20 日，https://m.gmw.cn/baijia/2022-07/20/35895473.html。

3 《形成新兴领域军民融合发展格局》，求是网，2019 年 2 月 21 日，http://www.qstheory.cn/science/2019-02/21/c_1124143653.htm。

4 公方彬、侯昂好:《习近平强军思想论析》，人民网，2018 年 8 月 13 日，http://theory.people.com.cn/n1/2018/0813/c40531-30226050.html?ivk_sa=1026860c。

5 党增龙:《坚持好运用好人民军队强军胜战之道》，光明网，2022 年 11 月 30 日，https://m.gmw.cn/baijia/2022-11/30/36199160.html。

6 韩炜:《准备打才可能不必打，越不能打越可能挨打》，中国军网，2022 年 6 月 1 日，http://www.81.cn/jfjbmap/content/2022-06/01/content_316830.htm。

7 吴志忠、高文俭、董文涛:《着力打牢备战打仗思想根基》，光明网，https://m.gmw.cn/baijia/2021-12/22/35398907.html。

8 《习近平谈军事辩证法：准备打才可能不必打》，央视网，2016 年 8 月 12 日，http://news.cctv.com/2016/08/12/ARTIMoOyxF74Gh2WEpZRAcqH160812.shtml。

9

# 第九章

# 以军事安全保障国家安全

党的十八大以来，中国特色社会主义进入新时代，形成了习近平新时代中国特色社会主义思想，习近平总书记创造性地提出了总体国家安全观，即以人民安全为宗旨，以政治安全为根本，以经济安全为基础，以军事、科技、社会、文化安全为保障，以促进国际安全为依托，这从根本上指明了军事安全与国家安全的关系。党中央、习近平主席统筹中华民族伟大复兴战略全局和世界百年未有之大变局，明确党在新时代的强军目标，开展了一场新中国成立以来最为广泛、最为深刻的国防和军队改革，人民军队实现整体性革命性重塑，我国军事安全能力取得根本性进步。习近平总书记从总体国家安全观出发，着眼新形势下军事战略方针，提出巩固提高一体化国家战略体系和能力，进一步指明了以军事安全保障总体国家安全、提高国家战略运筹能力的前进方向；全球安全观是总体国家安全观在国际安全领域的重要投射，习近平总书记提出的全球安全倡议，为人类消弭国际冲突根源、完善全球安全治理、实现人类命运共同体指明了道路，中国军队忠实践行人类命运共同体理念，是建设持久和平、普遍安全美好世界不可或缺的重要力量。

## 中国特色强军之路越走越宽广

党的十八大以来，以习近平同志为核心的党中央，明确党在新时代的强军目标是建设一支听党指挥、能打胜仗、作风优良的人民军队，确立新时代军事战略方针，制定到 2027 年实现建军一百年奋斗目标、到 2035 年基本实现国防和军队现代化、到本世纪中叶全面建成世界一流军队的国防和军队现代化新“三步走”战略，推进政治建军、改革强军、科技强军、人才强军、依法治军，加快军事理论现代化、军队组织形态现代化、军事人员现代化、武器装备现代化，加快机械化信息化智能化融合发展，全面加强练兵备战，坚持走中国特色强军之路。

建设强大人民军队，首要的是毫不动摇坚持党对人民军队绝对领导的根本原则和制度，坚持人民军队最高领导权和指挥权属于党中央和中央军委，全面深入贯彻军委主席负责制。有一个时期，人民军队党的领导弱化问题突出，如果不彻底解决，不仅影响战斗力，而且事关党指挥枪这一重大政治原则。党中央和中央军委狠抓全面从严治军，果断决策整肃人民军队政治纲纪，在古田召开全军政治工作会议，对新时代政治建军作出部署，恢复和发扬我党我军光荣传统和优良作风，以整风精神推进政治整训，全面加强军队党的领导和党的建设，深入推进军队党风廉政建设和反腐败斗争，坚决查处严重违纪违法案件并彻底肃清其流毒影响，推动人民军队政治生态根本好转。

党提出改革强军战略，领导开展新中国成立以来最为广泛、最为深刻的国防和军队改革，重构人民军队领导指挥体制、现代军事力量体系、军事政策制度，裁减现役员额30万，形成了军委管总、战区主战、军种主建新格局。面对世界新军事革命，我们实施科技强军战略，建设创新型人民军队，建设强大的现代化后勤，国防科技和武器装备建设取得重大进展。实施人才强军战略，确立新时代军事教育方针，明确军队好干部标准，推动构建三位一体新型军事人才培养体系，培养有灵魂、有本事、有血性、有品德的新时代革命军人，锻造具有铁一般信仰、铁一般信念、铁一般纪律、铁一般担当的过硬部队。贯彻依法治军战略，构建中国特色军事法治体系，加快治军方式根本性转变。推进军人荣誉体系建设。

党提出新时代人民军队使命任务，创新军事战略指导，调整优化军事战略布局，强化人民军队塑造态势、管控危机、遏制战争、打赢战争的战略功能。人民军队紧紧扭住战斗力这个唯一的根本的标准，扭住能打仗、打胜仗这个根本指向，壮大战略力量和新域新质作战力量，加强联合作战指挥体系和能力建设，大力纠治“和平积弊”，大抓实战化军事训练，建设强大稳固的现代边海空防，坚定灵活开展军事斗争，有效应对外部军事挑衅，震慑“台独”分裂行径，遂行边防斗争、海上维权、反恐维稳、抢险救灾、抗击疫情、维和护航、人道主义救援和国际军事合作等重大任务。

在以习近平同志为核心的党中央坚强领导下，人民军队实现整体性革命性重塑、重整行装再出发，国防实力和经济实力同步提升，一体化国家战略体系和能力加快构建，建立健全退役军人管理保障体制，国防动员更加高效，军政军民团结更加巩固。人民军队坚决履行新时代使命任务，以顽强斗争精神和实际行动捍卫了国家主权、安全、发展利益。人民军队体制一新、结构一新、格局一新、面貌一新，现代化水平和实战能力显著提升，中国特色强军之路越走越宽广。

## 巩固提高一体化国家战略体系和能力

党的十八大以来，总体国家安全观对国家安全领域的统领性地位日益凸显。2017 年 10 月，党的十九大将坚持总体国家安全观纳入新时代坚持和发展中国特色社会主义的基本方略，并写入党章；2020 年 10 月，党的十九届五中全会历史性地把安全提升到和发展并重的位置，把统筹发展和安全纳入“十四五”规划和2035年远景目标的指导思想；2020年12月11日，中共中央政治局就切实做好国家安全工作举行第二十六次集体学习，习近平总书记强调要把国家安全贯穿到党和国家工作各方面全过程，并就贯彻总体国家安全观提出“十个坚持”，进一步凸显了总体国家安全观作为党的国家安全思想的政治属性，标志着总体国家安全观思想体系和理论体系的形成，标志着新时代中国特色社会主义理论的“国家安全篇”正式绘就；2021年7月1日，习近平总书记在建党百年纪念大会讲话中又首次将统筹中华民族伟大复兴战略全局和世界百年未有之大变局与统筹发展和安全并列，将总体国家安全观作为新时期进行具有许多新的历史特点的伟大斗争的理论武器，并将贯彻总体国家安全观纳入中国共产党治国理政基本经验概括的“九个必须”之中，同时也成为我们在“第二个百年”坚持和发展新时代中国特色社会主义的根本遵循之一，进一步丰富和发展了总体国家安全观的思想和理论体系；2021年11月，党的十九届六中全会通过《中共中央关于党的百年奋斗重大成就和历史经验的决议》，对党领导国家安全取得的显著成效予以专门阐述，并作为新时代中国特色社会主义伟大成就之一进行系统总结，国家安全工作首次以专章形式写进党的全会决议；2022年10月，党的二十大报告首次在党的全国代表大会报告中设专章论述国家安全问题，对推进国家安全体系和能力现代化、坚决维护国家安全和社会稳定作出战略部署，此章上承“十、推动绿色发展，促进人与自然和谐共生”，下启“十二、实现建军一百年奋斗目标，开创国防和军队现代化新局面”，鲜明体现了以总体国家安全观统领国家安全全领域的战略思想。

总体国家安全观的精髓和要义正在于“总体”二字，“总体”意味着系统性和统领性。就系统性而言，总体国家安全观是系统思维在国家安全领域的集中体现。它要求我们把国家安全放在一个内外统一的有机整体中去审视，把国家安全的各个要素放在一个“多元一体”的有机整体中去审视，加强前瞻性思考、全局性谋划、战略性布局、整体性推进，坚持全国一盘棋，发挥好方方面面的积极性，切实统筹好中华民族伟大复兴的战略全局与世界百年未有之大变局，切实统筹好发展和安全，实现多重目标要素的统一。就统领性而言，国家安全是安邦定国的重要基石，维护国家安全是全国各族人民根本利益所在。国家安全是“国之大者”，总体国家安全观也是一个“管总”的思想，不仅是习近平新时代中国特色社会主义思想的“国家安全篇”，也是其他领域重要思想的“底色”。

当前，世界百年未有之大变局加速演进，世界之变、时代之变、历史之变正以前所未有的方式展开。世纪疫情影响深远，“逆全球化”思潮抬头，单边主义、保护主义明显上升，世界经济复苏乏力，局部冲突和动荡频发，全球性问题加剧，世界进入新的动荡变革期。我国发展进入战略机遇和风险挑战并存、不确定难预料因素增多的时期，各种“黑天鹅”“灰犀牛”事件随时可能发生，来自外部的打压遏制随时可能升级。面对复杂多变的国际国内形势，要使军事安全能力更为有机地融入总体国家安全的战略全局，统筹发展和安全两件大事，统筹富国和强军两大目标，就只有以总体国家安全观为指引，巩固提高一体化国家战略体系和能力，才能最大化聚合各方面战略资源，优化国家战略布局，提升战略竞争优势，统筹应对内外风险，在激烈的国际竞争中赢得主动，为中华民族伟大复兴提供坚强保障。

2017 年 6 月 20 日，习近平总书记在中央军民融合发展委员会第一次全体会议上指出：“要加强集中统一领导，贯彻落实总体国家安全观和新形势下军事战略方针，突出问题导向，强化顶层设计，加强需求统合，统筹增量存量，同步推进体制和机制改革、体系和要素融合、制度和标准建设，加快形成全要素、多领域、高效益的军民融合深度发展格局，逐步构建军民一体化的国家战略体系和能力。”2018 年 3 月，习近平总书记在出席解放军和武警部队代表团全体会议时强调，实施军民融合发展战略是构建一体化国家战略体系和能力的必然选择。党的二十大报告明确提出“巩固提高一体化国家战略体系和能力。加强军地战略规划统筹、政策制度衔接、资源要素共享”。2023 年 3 月 9 日，习近平总书记在出席十四届全国人大一次会议解放军和武警部队代表团全体会议时强调，巩固提高一体化国家战略体系和能力，是党中央把握强国强军面临的新形势新任务新要求，着眼于更好统筹发展和安全、更好统筹经济建设和国防建设作出的战略部署。贯彻落实好这一部署，对全面建设社会主义现代化国家、全面推进中华民族伟大复兴，对实现建军一百年奋斗目标、加快把我军建成世界一流军队，都具有十分重要的意义。要统一思想认识，强化使命担当，狠抓工作落实，努力开创一体化国家战略体系和能力建设新局面。巩固提高一体化国家战略体系和能力，关键是要在一体化上下功夫，实现国家战略能力最大化。要坚持党中央集中统一领导，加强各领域战略布局一体融合、战略资源一体整合、战略力量一体运用，系统提升我国应对战略风险、维护战略利益、实现战略目的的整体实力。

## 维护和塑造共同安全

以促进国际安全为依托，统筹自身安全与共同安全，是总体国家安全观的重要内容，是中国特色国家安全道路的鲜明特征。安全问题事关各国人民的福祉，事关世界和平与发展的崇高事业，事关人类的前途命运。正是从维护和塑造共同安全、推动人类命运共同体的战略高度出发，习近平总书记提出全球安全倡议，倡导以团结精神适应深刻调整的国际格局，以共赢思维应对复杂交织的安全挑战，旨在消弭国际冲突根源、完善全球安全治理，推动国际社会携手为动荡变化的时代注入更多稳定性和确定性，实现世界持久和平与发展。军事安全是全球安全倡议中的重要方面，中国军队是维护和塑造全球共同安全的重要力量。

全球安全倡议的核心理念与原则是：坚持共同、综合、合作、可持续的安全观；坚持尊重各国主权、领土完整；坚持遵守《联合国宪章》宗旨和原则；坚持重视各国合理安全关切；坚持通过对话协商以和平方式解决国家间的分歧和争端；坚持统筹维护传统领域和非传统领域安全。这“六个坚持”彼此联系、相互呼应，是辩证统一的有机整体。其中，坚持共同、综合、合作、可持续的安全观是理念指引，坚持尊重各国主权、领土完整是基本前提，坚持遵守《联合国宪章》宗旨和原则是根本遵循，坚持重视各国合理安全关切是重要原则，坚持通过对话协商以和平方式解决国家间的分歧和争端是必由之路，坚持统筹维护传统领域和非传统领域安全是应有之义。

中国军队忠实践行人类命运共同体理念，积极履行大国军队国际责任，全面推进新时代国际军事合作，努力为建设持久和平、普遍安全的美好世界作贡献。中国坚定维护《联合国宪章》宗旨和原则，坚定维护联合国在国际事务中的核心作用，坚定维护多边主义，广泛参与全球安全治理，积极参与军控与裁军等领域事务，为重大问题解决和重要规则制定贡献中国方案；中国推动构建平等互信、合作共赢的新型安全伙伴关系，积极发展对外建设性军事关系，形成全方位宽领域多层次军事外交新格局，坚持互信互惠、合作共赢的原则，同世界各国军队开展务实交流合作；中国积极推动构建地区安全合作架构，推动上海合作组织成员国加强防务安全领域交流合作，积极支持亚洲相互协作与信任措施会议机制建设，积极参加多边对话和合作机制，搭建北京香山论坛交流平台；中国秉持亲诚惠容的周边外交理念，妥善处理领土问题和海洋划界争端，把管控分歧、增进互信作为维护周边稳定的重要内容；中国积极提供国际公共安全产品，积极支持联合国维和行动，是联合国维和行动的主要出资国之一，是安理会常任理事国中第一大出兵国。截至 2018 年 12 月，中国军队已累计参加 24 项联合国维和行动，派出维和军事人员 3.9 万余人次，13 名中国军人牺牲在维和一线。2015 年 9 月，中国加入新的联合国维和能力待命机制，建设 8000 人规模维和待命部队。中国积极为各国培训维和人员，截至 2019 年已为数十个国家培训了 1500 余名维和人员，根据联合国安理会有关决议，派遣海军舰艇编队赴亚丁湾、索马里海域实施常态化护航行动，共同维护国际海上通道安全，中国军队积极参加国际灾难救援和人道主义援助，开展国际和地区反恐合作。

《荀子》云：“王夺之人，霸夺之与，强夺之地。”说明行王道者要争取人心，行霸道者则依靠联盟。在美国大搞“小圈子”、挑动阵营对抗的今天，习近平总书记提出全球安全倡议，是中国推进人类命运共同体建设的重大举措，是弘扬人类共同价值、争取各国道义拥护、解决全球安全难题、消解国际安全赤字的关键抓手。面对日益复杂的全球性安全挑战，面对人类发展在十字路口何去何从的抉择，中国坚持走和平发展道路，同各国人民一道维护世界和平、促进共同发展。

在总体国家安全观和习近平强军思想指引下，中国军队必将为中华民族伟大复兴提供坚强战略支撑，为构建人类命运共同体作出新的更大贡献，实现富国和强军、发展和安全、自身安全与共同安全的有机统一。

# 参考文献


1 习近平:《决胜全面建成小康社会 夺取新时代中国特色社会主义伟大胜利——在中国共产党第十九次全国代表大会上的报告》,中国政府网,2017 年 10 月 27 日,https://www.gov.cn/zhuanti/2017-10/27/content_5234876.htm。

2 习近平:《高举中国特色社会主义伟大旗帜 为全面建设社会主义现代化国家而团结奋斗——在中国共产党第二十次全国代表大会上的报告》,中国政府网,2022 年 10 月 25 日,https://www.gov.cn/xinwen/2022-10/25/content_5721685.htm。

3 《中共中央关于党的百年奋斗重大成就和历史经验的决议》,新华社,2021 年 11 月 16 日。

4 中共中央宣传部、中央国家安全委员会办公室编:《总体国家安全观学习纲要》,人民出版社、学习出版社 2022 年版。

5 中共中央宣传部、中央军委政治工作部编:《习近平强军思想学习问答》,解放军出版社 2022 年版。

6 中华人民共和国国务院新闻办公室:《新时代的中国国防》,人民出版社 2019 年版。

7 中华人民共和国国务院新闻办公室:《全球安全倡议概念文件》,新华社,2023 年 2 月 21 日。

8 袁鹏:《深刻领会总体国家安全观的理论和实践伟力》,人民网,2022 年 4 月 15 日,http://theory.people.com.cn/n1/2022/0415/c40531-32399636.html。

9 袁鹏:《对总体国家安全观理论体系的战略思考》,《现代国际关系》2021 年第 7 期。

**图书在版编目（CIP）数据**

军事与国家安全 / 总体国家安全观研究中心，中国现代国际关系研究院著．-- 北京：时事出版社，2025.4．--（总体国家安全观系列丛书）．-- ISBN 978-7-5195-0571-4

Ⅰ．E2；D631

中国国家版本馆 CIP 数据核字第 2025ZZ1064 号

出版发行：时事出版社
地　　址：北京市海淀区彰化路 138 号西荣阁 B 座 G2 层
邮　　编：100097
发行热线：（010）88869831　88869832
传　　真：（010）88869875
电子邮箱：shishichubanshe@sina.com
印　　刷：北京良义印刷科技有限公司

开本：787 × 1092　1/16　印张：15.75　字数：155 千字
2025 年 4 月第 1 版　2025 年 4 月第 1 次印刷
定价：78.00 元